CHOIX DE TEXTES

POÈTES ET PROSATEURS
DE LA RENAISSANCE

TRADUCTION ET ÉTUDE DES ŒUVRES PAR
CLAUDE GONTHIER ET BERNARD MENEY

COLLECTION
PARCOURS D'UNE ŒUVRE

SOUS LA DIRECTION DE MICHEL LAURIN

Beauchemin

CHENELIÈRE ÉDUCATION

Poètes et prosateurs de la Renaissance

Choix de textes

Traduction des œuvres et édition présentée, par
  Claude Gonthier et Bernard Menet

Collection « Parcours d'une œuvre »

Sous la direction de Michel Laurin

© 2013 Chenelière Éducation inc.

Édition : France Vandal
Coordination : Sophie Jama
Correction d'épreuves : Catherine Baron
Conception graphique : Josée Bégin

**Catalogage avant publication
de Bibliothèque et Archives nationales du Québec
et Bibliothèque et Archives Canada**

Poètes et prosateurs de la Renaissance

  (Collection Parcours d'une œuvre)
  « Choix de textes »
  Comprend des réf. bibliogr.

  Pour les étudiants du niveau collégial

  ISBN 978-2-7616-6083-9

  1. Littérature française – 16ᵉ siècle. 2. Poésie française –
16ᵉ siècle. 3. Prose française – 16ᵉ siècle. 4. Littérature française –
16ᵉ siècle – Critique et interprétation. i. Du Bellay, Joachim, ca
1525-1560. ii. Gonthier, Claude, 1960- . iii. Meney, Bernard,
1953- . iv. Collection : Collection Parcours d'une œuvre.

PQ1121.P64 2012   840.8'003   C2012-942255-X

Beauchemin

CHENELIÈRE ÉDUCATION

5800, rue Saint-Denis, bureau 900
Montréal (Québec) H2S 3L5 Canada
Téléphone : 514 273-1066
Télécopieur : 514 276-0324 ou 1 888 460-3834
info@cheneliere.ca

Tableau de la couverture :

Le mois d'Août. – (La moisson).
Enluminure française, v. 1550. – Sur
parchemin. Du livre d'Heures de
Claude Gouffier. Musée national de
la Renaissance. AKG images.

Le matériel complémentaire mis
en ligne dans notre site Web est
réservé aux résidants du Canada,
et ce, à des fins d'enseignement
uniquement.

L'achat en ligne est réservé aux
résidants du Canada.

ISBN 978-2-7616-6083-9

Dépôt légal : 1ᵉʳ trimestre 2013
Bibliothèque et Archives nationales du Québec
Bibliothèque et Archives Canada

Imprimé au Canada

1 2 3 4 5 IMG 16 15 14 13 12

Nous reconnaissons l'aide financière du gouvernement du Canada par
l'entremise du Fonds du livre du Canada (FLC) pour nos activités d'édition.

Gouvernement du Québec – Programme de crédit d'impôt pour l'édition de
livres – Gestion SODEC.

REMERCIEMENTS

Les auteurs tiennent à remercier chaleureusement Mme Élise Bergeron pour son assistance éclairée, son amabilité et sa compétence qui ont grandement favorisé la publication de cet ouvrage.

TABLE DES MATIÈRES

Plongée dans l'œuvre   197

Annexes   241

UNE DAME AU BAIN.

TABLEAU DE FRANÇOIS CLOUET, 1540.

Amerigo Vespucci (1454-1512)

à la découverte du Nouveau Monde.

INTRODUCTION

LE RICHE HÉRITAGE DE LA RENAISSANCE FRANÇAISE

Appréhender le xvi⁽ᵉ⁾ siècle français, c'est s'engager dans une formidable aventure culturelle au sein d'un vivier de créateurs qui, par le truchement de la littérature, dévoilent des artistes d'une surprenante modernité. C'est entrevoir l'influence de l'Antiquité remaniée par des penseurs qui brûlent de s'affranchir des dogmes du Moyen Âge. Fabuleuse entreprise, que la naissance de l'imprimerie et le choc des grandes découvertes viendront soutenir avec l'apparition de l'humanisme, cette évolution de la pensée fondée sur le savoir, l'ouverture aux idées nouvelles et le changement des mentalités.

La première moitié d'une Renaissance, dite triomphante, voit l'éclosion du génie gargantuesque de François Rabelais et de l'allègre poésie de Clément Marot alors que, dans la seconde moitié, les œuvres ne parviennent plus à faire oublier les guerres de Religion issues de la Réforme et que les grands auteurs ont pour nom Joachim du Bellay, Pierre de Ronsard et Michel Eyquem de Montaigne. Tous livrent des pages où l'humour côtoie la chronique du temps, où la critique sociale et politique n'est jamais loin de la philosophie et où la poésie fraie nécessairement avec l'amour, sentiment le plus célébré du siècle.

À travers ce parcours littéraire, marqué par la prédominance masculine, se détachent deux femmes, Marguerite de Navarre et Louise Labé, courageuses amazones de la plume que la postérité oublie jusqu'à l'orée du xx⁽ᵉ⁾ siècle qui les réhabilite. Ces deux femmes de lettres s'approprient le discours du cœur pour revendiquer un regard émancipé, peut-être plus féminin que féministe, sur le désordre amoureux. Grâce à elles, et pour paraphraser Louise Labé, le plus grand plaisir après l'amour, c'est d'en parler. Les pages de cette anthologie en sont le vibrant témoignage.

Publication de la Société d'Histoire littéraire de la France

LES

DERNIÈRES POÉSIES

DE

MARGUERITE DE NAVARRE

PUBLIÉES PAR

ABEL LEFRANC
SECRÉTAIRE DU COLLÈGE DE FRANCE

Paris, 5, rue de Mézières
Armand Colin et Cᵢᵣ, Éditeurs
LIBRAIRES DE LA SOCIÉTÉ DES GENS DE LETTRES

1896

PAGE DE TITRE DE L'ÉDITION ORIGINALE DE 1896 DES
DERNIÈRES POÉSIES DE MARGUERITE DE NAVARRE.

N. B. : Les crochets indiquent une coupure faite au texte original.

§   Les mots suivis du signe § sont définis dans le glossaire aux pages 256 et 257. Pour alléger la
lecture, les mots expliqués dans une note en bas de page ne sont signalés par le signe § que
lors de leur première occurrence dans chacune des pages suivantes.

Note P. 3

UN AMI VIF VINT À LA DAME MORTE…

Un ami[1] vif[2] vint à la dame morte[3], — *un homme plein de désir va de voir une dame qui n'en a pas*

Et par prière il la cuida[4] tenter

De le vouloir aimer de même sorte, *Il continue sans arrêt pas agréable pour elle*

Puis la pressa jusqu'à la tourmenter ; *elle répond pas*

5 Mais mot ne dit, donc, pour se contenter, *Il essaye de la prendre dans ses bras*

Il essaya de l'embrasser au corps.

Contrainte fut la Dame dire alors :

« Je vous requiers[5], ô Ami importun, *Elle demande avec insistance à celui qui la dérange*

Laissez les morts ensevelir les morts,

10 Car morte suis pour tous, sinon pour un. »

(*Dernières poésies*, dizain 54)

la réplique la mère

* mort → aucun désir
→ décédé

9 elle avait du désir pour quelqu'un qui n'est plus la

10 . Elle n'a pu de désir pour personne sauf pour celui qui est mort (plus la)

Personnage : Dame, homme

Forme : figure de style → répétition ; morts morte
Insiste sur le fait qu'elle n'a pas de désir
→ antithèse « vif », « morte » opposés

---

1. ami : soupirant, amant.
2. vif : ici, plein de désir.
3. morte : ici, qui ne ressent plus aucun désir, aucune passion.
4. cuida : voulut.
5. requiers : demande avec insistance, oblige, enjoins.

J'AIME UNE AMIE ENTIÈREMENT PARFAITE...

J'aime une amie[1] entièrement parfaite,
Tant que[2] j'en sens satisfait mon désir.
Nature l'a, quant à la beauté, faite
Pour à tout œil donner parfait plaisir ;
5 Grâce y a fait son chef-d'œuvre à loisir[3],
Et les vertus y ont mis leur pouvoir,
Tant que l'ouïr[4], la hanter[5] et la voir
Sont sœurs témoins de sa perfection :
Un mal y a[6], c'est qu'elle peut avoir
10 En corps parfait cœur sans affection.

(*Dernières poésies*, dizain 56)

---

1. amie : femme désirée, amante.
2. Tant que : aussi.
3. à loisir : selon sa volonté.
4. ouïr : entendre.
5. hanter : fréquenter.
6. Un mal y a : il y a en elle un malheur, un problème.

Elle m'a dit : « Par refus ou tourment...

Elle m'a dit : « Par refus ou tourment
Je vous ferai laisser votre entreprise. »
Mais Amour[1] dit : « Aimez-la fermement,
Car à la fin, soit douleur ou surprise,
5 Par mon moyen vous en ferez la prise,
Et vous rendrai de son corps le vainqueur. »
Hélas ! Amour, ce m'est trop de faveur,
Mais d'un tel corps ne veux[2] la jouissance,
Sans être aimé ; par quoi[3] frappez son cœur,
10 Si vous avez hardiesse ou puissance[4].

(*Dernières poésies*, dizain 59)

Elle ne l'aime pas, mais lui il aime
et malgré le fait que amour
lui donne son corps lui il la veut
entière et il veut que si amour le
lui donne

---

1. Amour : le dieu Amour, représenté dans la mythologie comme un jeune enfant ailé.
2. ne veux : je ne veux.
3. par quoi : pour cette raison, pour cela.
4. Si vous avez hardiesse ou puissance : si vous en avez le courage ou la force.

Il pensait bien brûler son chaste cœur...

Il pensait bien brûler son chaste cœur
Par doux regards, par soupirs très ardents,
Par un parler qui fait amour vainqueur,
Par long servir[1], par signes évidents,
5   Mais il trouva une froideur dedans
Qui tous ces traits convertissait en glace,
Et qui pis est, par une douce audace[2],
Son pudique œil le regarda si fort
Que sa froideur dedans le cœur lui passe
10   Et mit son feu, son amour et lui à mort.

(*Dernières poésies*, dizain 63)

Il pensait être capable de la rendre amoureuse de lui sauf que elle, elle est froide à l'intérieur. La manière dont elle la regarde à mis à mort son amour et lui !!!

---

1. Par long servir : par un fidèle service d'amour.
2. audace : assurance hautaine.

PLUS J'AI D'AMOUR, PLUS J'AI DE FÂCHERIE...

Plus j'ai d'amour, plus j'ai de fâcherie,
Car je n'en vois nulle autre réciproque ;
Plus je me tais et plus je suis marrie[1],
Car ma mémoire, en pensant, me révoque[2]
5 Tous mes ennuis, dont souvent je me moque
Devant chacun, pour montrer mon bon sens ;
À mon malheur moi-même me consens,
En le celant[3], par quoi[5] donc je conclus
Que, pour ôter la douleur que je sens,
10 Je parlerai mais je n'aimerai plus.

(*Dernières poésies*, dizain 70)

Plus il aime plus il le regrette parce que
l'autre ne l'aime pas. Plus il se tait plus il est
triste, parce que sa mémoire se rappelle de tous
ses ennuis qu'il se moque devant l'autre pour
montrer son bon sens. En se taisant, il accepte
son malheur, selon lui pour ôter la douleur, il doit
parler, mais ne plus aimé

1. marrie : attristée, chagrinée.
2. révoque : remémore, rappelle.
3. celant : cachant, taisant.

AUTRES PENSÉES FAITES
UN MOIS APRÈS LA MORT DU ROI

Las![1] tant malheureuse je suis,
Que mon malheur dire ne puis,
Sinon qu'il est sans espérance :
Désespoir est déjà à l'huis[2]
Pour me jeter au fond du puits
6 Où n'a d'en saillir[3] apparence.

Tant de larmes jettent mes yeux
Qu'ils ne voient terre ni cieux,
Telle est de leur pleur abondance.
Ma bouche se plaint en tous lieux,
De mon cœur ne peut saillir mieux
12 Que soupirs sans nulle allégeance[4].

Tristesse par ses grands efforts
A rendu si faible mon corps
Qu'il n'a ni vertu ni puissance.
Il est semblable à l'un des morts,
Tant que[§] le voyant par dehors[5],
18 L'on perd de lui la connaissance[6].

---

1. Las ! : hélas !
2. l'huis : la porte.
3. saillir : sortir, jaillir.
4. allégeance : manifestation de soutien, de réconfort.
5. par dehors : de l'extérieur, tel qu'il apparaît aux yeux.
6. L'on perd de lui la connaissance : on ne le reconnaît plus.

Je n'ai plus que la triste voix
De laquelle crier m'en vois,
En lamentant la dure absence[1].
Las![§] de celui pour qui vivais[2]
Que de si bon cœur je voyais,
24 J'ai perdu l'heureuse présence!

Sûre je suis que son esprit
Règne avec son chef Jésus-Christ,
Contemplant la divine essence[3].
Combien que son corps soit prescrit[4],
Les promesses du saint Écrit
30 Le font vivre au ciel sans doutance.

Tandis qu'il était sain et fort,
La foi était son réconfort,
Son Dieu possédait par créance[5].
En cette foi vive il est mort,
Qui l'a conduit au très sûr port,
36 Où il a de Dieu jouissance[6].

Mais, hélas! mon corps est banni
Du sien auquel il fut uni
Depuis le temps de notre enfance!
Mon espoir aussi est puni,
Quand il se trouve dégarni[7]
42 Du sien plein de toute science.

---

1. De laquelle crier m'en vois, / En lamentant la dure absence: avec laquelle je me vois par des cris me plaindre de la mort.
2. pour qui vivais: pour qui je vivais.
3. divine essence: nature même de Dieu, ce qui constitue l'être divin.
4. Combien que son corps soit prescrit: bien que son corps soit mort.
5. Son Dieu possédait par créance: c'est par la foi qu'il croyait en son Dieu.
6. Où il a de Dieu jouissance: où il peut jouir de la présence de Dieu.
7. dégarni: dépouillé, séparé.

Esprit et corps de deuil sont pleins,
Tant qu'ils[§] sont convertis en plains[1];
Seul pleurer est ma contenance[2].
Je crie par bois et par plains[3],
Au ciel et terre me complains[4],
48 À rien fors à mon deuil ne pense[5].

Mort, qui m'a fait si mauvais tour
D'abattre ma force et ma tour,
Tout mon refuge et ma défense,
N'as su[6] ruiner mon amour
Que je sens croître nuit et jour,
54 Qui[7] ma douleur croît et avance.

Mon mal ne se peut révéler,
Et m'est si dur à l'avaler,
Que j'en perds toute patience.
Il ne m'en faut donc plus parler,
Mais penser de bientôt aller,
60 Où Dieu l'a mis par sa clémence.

Ô Mort, qui le frère a dompté,
Viens donc par ta grande bonté
Transpercer la sœur de ta lance.
Mon deuil par toi soit surmonté;
Car quand j'ai bien le tout compté,
66 Combattre te veux à outrance[8].

---

1. plains : plaintes.
2. ma contenance : mon attitude, ma manière de me comporter.
3. par bois et par plains : par les bois et les plaines, en tout lieu.
4. complains : plains.
5. À rien fors à mon deuil ne pense : je ne pense à rien, hormis mon deuil.
6. N'as su : Mort, tu n'as pas su.
7. Qui : à mesure que.
8. Combattre te veux à outrance : je veux te combattre de toutes mes forces.

Viens doncques[1], ne retarde pas,
Mais cours la poste à bien grands pas[2],
Je t'envoie ma défiance[3].
Puisque mon frère est en tes lacs[4],
Prends-moi, afin qu'un seul soulas[5]
72 Donne à tous deux éjouissance[6].

(*Chansons spirituelles*, 2)

Qel quin qu'elle aimait beaucoup et mort et elle veut le rejoindr, Elle est très malheureuse et deseper celon elle si elle le rejoir elle pourai de nouveau être heureuse reunis avec lui.

6 vers / strophe → Sizain (Il a 12 Sizain)
8 mètre / vers → octosyllabe

---

1. doncques : donc.
2. cours la poste à bien grands pas : dépêche-toi, déplace-toi à vive allure. À la Renaissance, la poste est un relais placé à un point d'un parcours, qui permet de se reposer et de changer de chevaux avant de poursuivre le voyage.
3. ma défiance : mon défi.
4. en tes lacs : dans tes pièges, tes filets.
5. soulas : contentement, soulagement.
6. éjouissance : réjouissance, bonheur.

HUITAIN COMPOSÉ PAR LADITE DAME
AUPARAVANT SA MORT

Je cherche autant la croix et la désire
Comme autrefois je l'ai voulu fouir[1] ;
Je cherche autant par tourment d'en jouir
4 Comme autrefois j'ai craint son dur martyre,
Car cette croix mon Âme à Dieu attire :
C'est le chemin très sûr pour l'aller voir,
Par quoi[§] les biens qu'au monde puis avoir
8 Quitter je veux, la croix me doit suffire.

(1549)

---

1. fouir : fuir. Nous conservons ici l'orthographe ancienne pour la rime avec « jouir ».

L'HEPTAMÉRON

DEUXIÈME NOUVELLE

En la ville d'Amboise, il y avait un muletier qui servait la reine de Navarre, sœur du roi François, premier de ce nom, laquelle était à Blois pour accoucher d'un fils[1]. C'est là que le muletier s'était rendu pour être payé de ses services, et sa femme demeura à Amboise, logée au-
5 delà des ponts[2]. Or il y avait longtemps qu'un valet de son mari l'aimait si désespérément qu'un jour il ne put se retenir de lui en parler, mais elle, qui était vraiment une femme vertueuse, le rabroua si aigrement, le menaçant de le faire battre et chasser par son mari, que depuis, il n'osa plus lui tenir pareils propos, ni faire semblant. Et il
10 garda ce feu à couvert dans son cœur jusqu'au jour où son maître s'en alla hors de la ville, et sa maîtresse aux vêpres à Saint-Florentin, église du château fort éloignée de leur maison. Étant demeuré seul, il vint au valet l'idée folle qu'il pourrait avoir par la force ce que, par nulle prière ni service, il n'avait pu acquérir. Il rompit une cloison qui était entre la
15 chambre où il couchait et celle de sa maîtresse. Mais parce que les rideaux, tant ceux du lit[3] de son maître et de la femme que ceux des serviteurs de l'autre côté, couvraient les murs, l'on ne pouvait voir l'ouverture qu'il avait faite. Sa ruse ne fut donc point révélée, jusqu'à ce que sa maîtresse fût couchée avec une petite fille de onze ou douze ans.
20 Alors que la pauvre femme était dans son premier sommeil, le valet entra par la cloison qu'il avait percée, se glissa dans le lit, tout en chemise, l'épée nue à la main. Mais, aussitôt qu'elle le sentit près d'elle, elle se jeta hors du lit, en lui faisant toutes les remontrances propres à une femme vertueuse. Et lui, qui ne ressentait qu'un amour bestial, et qui
25 eût mieux compris le langage des mulets que ces honnêtes raisons, se

---

1. En août 1530, Marguerite de Navarre donne effectivement naissance à un fils, Jean. L'enfant meurt deux mois plus tard. Marguerite de Navarre relate ici un horrible meurtre qui secoua pendant son absence la ville d'Amboise.

2. au-delà des ponts : de l'autre côté du pont qui enjambe la Loire au bord de laquelle se dresse le château d'Amboise.

3. ceux du lit : à la Renaissance, les lits sont à baldaquin dont les rideaux entourent et ferment la couche.

montra plus bestial que les bêtes avec lesquelles il avait si longtemps été. Puisqu'il constatait qu'elle courait tout de suite autour d'une table, et qu'il ne pouvait la saisir, et qu'elle était si forte que, par deux fois, elle s'était défaite de lui, désespéré de ne jamais pouvoir la posséder vivante,
30 il lui donna un très grand coup d'épée au travers des reins, croyant que, si la peur et la force n'avaient pu faire qu'elle se rende, la douleur le ferait. Mais ce fut le contraire car, tout comme un bon soldat, quand il voit son sang, est plus échauffé à se venger de ses ennemis pour acquérir l'honneur, ainsi son chaste cœur se renforça doublement à
35 courir pour fuir des mains de ce malheureux, en lui tenant les meilleurs propos qu'elle pouvait, pour tenter par quelque moyen de le forcer à reconnaître ses fautes. Mais il était si embrasé par la fureur qu'il n'y avait pas en lui de lieu pour recevoir un bon conseil. Et il lui redonna encore plusieurs coups et, pour les éviter, tant que ses jambes purent la
40 porter, elle courut toujours. Et quand, à force de perdre son sang, elle sentit qu'elle approchait de la mort, levant les yeux au ciel et joignant les mains, elle rendit grâces à son Dieu, qu'elle appelait sa force, sa vertu, sa patience et sa chasteté, le suppliant d'accepter le sang qui, pour avoir observé son commandement[1], était répandu en l'honneur
45 de celui de son Fils, et grâce auquel elle croyait fermement tous ses péchés lavés et effacés de la mémoire de Sa colère. Et, en disant : « Seigneur, recevez l'âme qui, par votre bonté, a été rachetée ! », elle tomba par terre sur le visage, où ce méchant lui donna plusieurs coups. Et, après qu'elle eut perdu la parole et la force du corps, ce malheureux
50 prit par la force celle qui n'avait plus de défense en elle.

   Et, quand il eut satisfait sa méchante concupiscence, il s'enfuit si rapidement que jamais depuis, quelque poursuite qu'on en ait faite, il n'a pu être retrouvé. La jeune fille qui était couchée avec la muletière, à cause de la peur qu'elle avait eue, s'était cachée sous le lit. Mais
55 voyant que l'homme était dehors, elle vint à sa maîtresse et, la trouvant sans parole ni mouvement, elle cria par la fenêtre aux voisins, qu'on vienne la secourir. Et ceux qui l'aimaient et l'estimaient autant qu'une femme de la ville[2], vinrent tout de suite auprès d'elle et

---

1. commandement : un des dix commandements de Dieu interdit l'adultère.
2. femme de la ville : femme de haute condition qui demeurait à la cour, femme riche et cultivée.

amenèrent avec eux des chirurgiens, lesquels trouvèrent qu'elle avait
60 vingt-cinq plaies mortelles sur son corps. Ils firent ce qu'ils purent
pour la sauver, mais ce leur fut impossible. Toutefois, elle languit
encore une heure sans parler, faisant signe des yeux et des mains,
montrant ainsi qu'elle n'avait point perdu l'entendement. Étant
interrogée par un homme d'église de la foi en laquelle elle mourait et
65 de l'espérance de son salut par Jésus-Christ, elle répondait seulement
par des signes, mais si évidents, que la parole n'eût pas su mieux
révéler son intention. Et ainsi, avec un visage joyeux, les yeux levés au
ciel, ce chaste corps rendit son âme à son Créateur. Et, dès qu'elle fut
préparée et mise dans le cercueil, le corps déposé devant sa porte, en
70 attendant la foule pour son enterrement, son pauvre mari arriva et vit
tout de suite le corps de sa femme mort devant sa maison, alors qu'il
n'en avait pas su la nouvelle. Et, en s'enquérant de la cause, il eut une
double raison d'être en deuil, ce qu'il fit de telle façon qu'il chercha à
se suicider. Ainsi fut enterrée cette martyre de la chasteté, en l'église
75 de Saint-Florentin, où toutes les femmes vertueuses de la ville ne
manquèrent jamais de faire leur devoir de l'honorer autant qu'il était
possible, se tenant bien heureuses d'être de la ville où une femme si
vertueuse avait vécu. Les folles et légères, voyant l'honneur que l'on
faisait à ce corps, se décidèrent à changer leur vie pour le mieux.
80 « Voilà, mesdames[1], une histoire véritable qui doit favoriser le courage de conserver la belle vertu de la chasteté. Et, nous qui sommes de
nobles maisons devrions mourir de honte de ressentir dans notre
cœur ces galanteries qu'une pauvre muletière, pour les repousser, n'a
point craint une si cruelle mort. Quelle femme peut s'estimer ver-
85 tueuse si elle n'a pas encore su résister comme celle-ci jusqu'au sang ?
C'est pourquoi il faut s'humilier, car les grâces de Dieu ne se donnent
point aux hommes en raison de leurs noblesses et richesses, mais
selon ce qu'il plaît à Sa bonté de leur donner. Dieu n'accepte pas qui
veut, mais élit celui qu'Il veut, car ce qu'Il a élu l'honore de ses vertus.
90 Et souvent Il élit les choses basses pour confondre celles que le monde
estime hautes et honorables. Comme Il le dit Lui-même : « N'ayons

---

1. mesdames : dans *L'Heptaméron*, d'où est tirée cette nouvelle, les membres d'une assemblée
racontent à tour de rôle des histoires, chacune étant suivie d'une discussion plénière sur son
sens moral.

point confiance en nos vertus, mais du seul fait que nous sommes
écrits au livre de la Vie divine, duquel ne peuvent nous effacer ni la
Mort, ni l'Enfer, ni le Péché. »

95   Il n'y eut pas une dame dans la compagnie qui n'eut la larme à
l'œil par compassion pour la triste et glorieuse mort de cette muletière. Chacune pensa en elle-même que, si une pareille destinée lui
advenait, elle serait bien en peine de la suivre dans son martyre.

Dix-huitième nouvelle

Dans une des grandes villes du royaume de France, il y avait un
seigneur d'une noble maison qui s'était inscrit aux écoles, désirant
parvenir au savoir par lequel la vertu et l'honneur doivent s'acquérir
chez les hommes vertueux. Et comme il devint très savant, bien
5 qu'étant âgé de dix-sept ou dix-huit ans, il semblait être la doctrine et
l'exemple mêmes pour les autres. Toutefois, Amour[§], après toutes ces
leçons, ne manqua pas de lui chanter la sienne. Et pour être mieux
entendu et compris, il se cacha sous le visage et les yeux de la plus
belle dame qui fût en tout le pays, laquelle, pour un procès, était de
10 passage dans la ville. Mais avant qu'Amour s'essayât à vaincre ce gentilhomme par la beauté de cette dame, il avait gagné le cœur de celle-
ci en faisant briller les perfections de ce seigneur, car en beauté, grâce,
bon sens et beau parler, il n'y avait personne, de quelque état qu'il fût,
qui le surpassât. Vous qui savez le prompt chemin que fait ce feu
15 quand il se prend à un des bouts du cœur et de l'esprit, vous jugerez
bien qu'entre deux si parfaits sujets, Amour ne s'arrêta guère avant
qu'il ne les eût sous son commandement et qu'il ne les rendît tous
deux si pleins de sa claire lumière que leurs pensées, leurs désirs et
leurs paroles n'étaient plus que les flammes de cet Amour. La jeu-
20 nesse, qui chez le seigneur engendrait la crainte, lui faisait poursuivre
sa liaison amoureuse le plus doucement qu'il lui était possible. Mais
elle, qui était vaincue par l'amour, n'avait point besoin d'une attaque
en force. Toutefois, la pudeur, qui accompagne les dames le plus
qu'elle peut, l'empêcha pour quelque temps de montrer son désir.
25 Néanmoins, à la fin, la forteresse du cœur, où l'honneur réside, fut

ruinée de telle sorte que la pauvre dame s'accorda ce qu'elle n'avait
point voulu ne pas s'accorder. Mais pour mettre à l'épreuve la
patience, la détermination et l'amour de son serviteur[1], elle lui
octroya ce qu'il demandait moyennant une fort difficile condition,
30 l'assurant que s'il lui était obéissant en tout, elle l'aimerait à la perfection, mais que s'il commettait une faute, il était certain de ne jamais
l'avoir de sa vie. Elle serait donc heureuse de parler avec lui dans un
lit, tous deux couchés en simples chemises, à condition qu'il ne lui
demandât rien de plus, sinon l'échange de paroles et de baisers. Lui,
35 qui ne pensait point qu'il y eût une joie digne d'être comparée à
celle qu'elle lui promettait, lui donna son accord. Et le soir venu, la
promesse fut accomplie de sorte que, en dépit du bon accueil qu'elle
lui fit et de la tentation qu'il eut, il ne voulut point briser son serment.
Et bien qu'il n'estimait pas son épreuve moindre que celle du purga-
40 toire, son amour était malgré tout si grand et son espoir si fort,
qu'étant assuré du prolongement éternel d'une relation acquise à si
grande peine, il conserva sa patience et se leva d'auprès d'elle sans
jamais lui avoir causé aucun déplaisir. La dame plus étonnée, je crois,
qu'heureuse de cette sagesse, soupçonna aussitôt, ou que son amour
45 ne fût aussi grand qu'elle le croyait, ou qu'il eût trouvé en elle moins
de valeur qu'il ne l'estimait, et elle ne considéra pas sa grande honnêteté, sa patience et sa fidélité à observer son serment.

Aussi se décida-t-elle à exiger encore une preuve de l'amour qu'il
lui portait, avant de tenir sa promesse. Et pour y parvenir, elle le pria
50 de parler à une fille de sa suite, plus jeune qu'elle et fort belle, et de lui
tenir des propos galants afin que ceux qui le voient visiter sa maison
si souvent pensassent que ce fut pour sa demoiselle, et non pour elle.
Ce jeune seigneur, qui était certain d'être aimé autant qu'il aimait,
obéit entièrement à tout ce qu'elle lui commanda, et se contraignit,
55 par amour pour elle, de faire la cour à cette fille qui, le voyant si beau
et lui parlant si bien, crut ce mensonge plus qu'aucune vérité et l'aima
autant que si elle eût été bien fort aimée de lui. Et quand la maîtresse
vit que les choses étaient très avancées et que, malgré tout, ce seigneur
ne cessait de la sommer d'accomplir sa promesse, elle lui accorda qu'il

---

1. serviteur : soupirant, amoureux, dans le vocabulaire de l'amour courtois.

60 vînt la voir à une heure après minuit : elle avait assez mis à l'épreuve
l'amour et l'obéissance qu'il lui portait que c'était justice qu'il fût
récompensé de sa longue patience. Il ne faut point douter de la joie
qu'en reçut cet amoureux serviteur[§], qui ne manqua pas de venir à
l'heure assignée. Mais la dame, pour soumettre à la tentation la force
65 de son amour, dit à sa belle demoiselle :

« Je sais bien qu'un certain seigneur vous porte dans son cœur et
je crois que vous n'avez pas une moindre passion que la sienne, aussi
ai-je une telle compassion pour vous deux que j'ai décidé de vous
donner le lieu et le loisir de parler ensemble longuement et à votre aise. »

70 La demoiselle fut si transportée de joie que, tout en ne sachant pas
lui feindre son affection, elle lui dit qu'elle ne voulait pas la contre-
dire. Obéissant donc à son conseil, et par son commandement, la
demoiselle se mit toute nue, seule en un beau lit dans une chambre
dont la dame laissa la porte entr'ouverte, y allumant assez de bougies
75 pour que la beauté de la fille puisse être vue clairement. Puis, feignant de s'en aller, elle se cacha si bien près du lit, qu'on ne pouvait
la voir. Son pauvre serviteur, croyant la trouver comme elle le lui
avait promis, ne manqua pas à l'heure ordonnée d'entrer dans la
chambre le plus doucement qu'il lui fut possible. Et après qu'il eut
80 fermé la porte et ôté sa tunique et ses brodequins[①] fourrés, il alla se
mettre au lit où il pensait trouver ce qu'il désirait. Et il n'eut pas sitôt
avancé ses bras pour embrasser celle qu'il croyait être sa dame que la
pauvre fille, qui le voulait tout à elle, n'eut les siens à l'entour de son
cou, lui disant tant de paroles attendrissantes, et d'un si beau visage,
85 qu'il n'existe pas d'ermite assez saint qui n'eût alors oublié ses
prières. Mais quand il la reconnut, tant par la vue que par l'ouïe,
l'amour qui avec si grande hâte l'avait fait se coucher, le fit encore
plus tôt se lever, car il comprit que ce n'était pas celle pour qui il avait
tant souffert. Et avec un dépit tant contre la maîtresse que contre la
90 demoiselle, il lui dit :

« Votre folie et la malice de celle qui vous a mise là ne sauraient me
faire autre que je suis. Aussi mettez-vous inutilement à l'épreuve votre

---

1. brodequins : souliers très souples, en cuir fin, qui s'apparentent à des chaussettes.

réputation de femme vertueuse, car je ne vous ferai point perdre ce bon renom. »

95 Ayant dit cela, et si courroucé[1] qu'il était impossible de l'être plus, il se jeta hors de la chambre et fut longtemps sans retourner chez sa dame. Toutefois, Amour[§] ne vit jamais sans espoir et il l'assura que plus la valeur de son amour était grande et affermie par tant d'épreuves, plus sa jouissance en serait longue et heureuse. La

100 dame, qui avait vu et entendu tous ces propos, fut si contente et surprise de voir la grandeur et la constance de son amour qu'il lui tarda de le revoir pour lui demander pardon des maux qu'elle lui avait faits pour le mettre à l'épreuve. Et dès qu'elle put le trouver, elle ne manqua pas de lui dire tant d'honnêtes et nobles propos que non

105 seulement il oublia toutes ses peines, mais qu'il les estima très avantageuses, vu qu'elles avaient mis en évidence la gloire de sa constance et la parfaite sincérité de son amour, duquel, dorénavant, sans empêchement ni contretemps, il obtint le fruit tel qu'il pouvait le désirer.

« Je vous prie, mesdames, trouvez-moi une femme qui ait été aussi

110 déterminée, aussi patiente et aussi loyale en amour que cet homme-ci l'a été ! Ceux qui ont expérimenté de telles tentations trouveront celles décrites chez saint Antoine[2] bien petites en comparaison, car qui peut être chaste et patient avec la beauté, l'amour, le temps et le loisir des femmes sera assez vertueux pour vaincre tous les diables.

115 — C'est dommage, dit Oisille, qu'il ne s'intéressa pas à une femme aussi vertueuse que lui, car c'eût été le plus parfait et le plus honnête amour dont l'on n'entendit jamais parler.

— Mais je vous prie, dit Géburon, dites-nous lequel des deux pièges vous trouvez le plus difficile.

120 — Il me semble, dit Parlamente, que c'est le dernier, car le dépit est la plus forte de toutes les tentations. »

Longarine dit qu'elle pensait que le premier avait été le plus difficile à déjouer, car il fallait qu'il vainquît l'amour et soi-même pour tenir sa promesse.

---

1. courroucé : en colère, fâché.
2. saint Antoine : selon la légende, ce saint se fit moine très jeune, vendant tous ses biens et allant vivre dans le désert d'Égypte. Là, à plusieurs reprises, le démon le tenta sans succès par l'esprit de fornication.

125 «Vous en parlez bien à votre aise, dit Simontaut, mais nous, qui savons ce que la chose vaut, nous devons dire là-dessus notre opinion. Quant à moi, je l'estime sot la première fois et fou la deuxième, car je crois qu'en tenant promesse à sa dame elle avait autant ou plus de peine que lui. Elle ne lui faisait faire ce serment que pour feindre
130 d'être une femme plus vertueuse qu'elle ne l'était, tenant pour sûr qu'un amour puissant ne peut se lier, ni par commandement, ni par serment, ni par quoi que ce soit au monde. Mais elle voulait rendre son vice si vertueux qu'il ne pouvait être vaincu que par des vertus héroïques. Et la seconde fois, il se montra fou de laisser celle qui l'ai-
135 mait et qui valait mieux que celle à laquelle il avait fait serment, alors qu'il avait la très bonne excuse du dépit dont il était plein.»

Dagoucin le reprit, disant qu'il était d'une opinion contraire et que, la première fois, il se montra ferme, patient et sincère, et la seconde fois, un fidèle et parfait amant.

140 «Et savons-nous bien, dit Saffredent, s'il n'était pas de ceux qu'un chapitre nomme de *frigidis et maleficiatis*[1]?»

QUARANTE-TROISIÈME NOUVELLE

En un très beau château demeurait une princesse de haut rang et de grande autorité qui avait dans sa suite une demoiselle, nommée Jambicque, si sûre d'elle que sa maîtresse en était fort abusée et qu'elle ne faisait rien sans son conseil, l'estimant la plus sage et la plus ver-
5 tueuse demoiselle de son temps. Cette Jambicque réprouvait tant le fol amour que, quand elle voyait quelque gentilhomme amoureux de l'une de ses compagnes, elle les reprenait fort aigrement et en faisait un si mauvais rapport à sa maîtresse que souvent elle les faisait tancer. Elle était donc beaucoup plus crainte qu'aimée de toute la compa-
10 gnie. Et quant à elle, jamais elle ne parlait à un homme, sinon à haute voix et avec un tel dédain, qu'elle avait la réputation d'être l'ennemie mortelle de tout amour, bien qu'il était au contraire dans son cœur.

---

1. *frigidis et maleficiatis*: un chapitre des *Décrétiales* de Boniface VIII, intitulé *Frigidis et maleficiat*, traite des sortilèges (*maleficiat* ou *maleficiatis* comme dans le texte?) qui rendent un ennemi impuissant (*frigidis*).

Car il y avait un gentilhomme[1] au service de sa maîtresse dont elle était si fortement éprise qu'elle ne pouvait plus le supporter. 15 Néanmoins, l'intérêt qu'elle attachait à sa gloire et à sa réputation lui faisait dissimuler en toutes circonstances son affection. Mais après avoir soutenu cette passion pendant bien un an, et refusant de se soulager, comme ceux qui s'aiment, par le regard et la parole, l'amour brûlait si fort dans son cœur qu'elle en vint à rechercher le dernier 20 remède. Et par résolution, elle établit qu'il valait mieux satisfaire à son désir, mais qu'il n'y eût que Dieu seul qui connût son cœur, au lieu de le dire à un homme qui pouvait un jour ou l'autre le dévoiler.

Une fois cette résolution prise, un jour qu'elle était dans la chambre de sa maîtresse, regardant sur une terrasse, elle vit se promener 25 celui qu'elle aimait tant et, après l'avoir regardé si longtemps que le jour qui se couchait en emportait avec lui la vue, elle appela un petit page qu'elle avait et, en lui montrant le gentilhomme, lui dit:

«Voyez-vous bien celui-là, qui a ce pourpoint de satin cramoisi et cette tunique fourrée de loup-cervier? Allez lui dire qu'il y a un de ses 30 amis qui veut lui parler dans la galerie de ce jardin.»

Et pendant que le page y alla, elle passa par la garde-robe de sa maîtresse et s'en alla dans cette galerie, ayant mis un capuchon et son touret de nez[2]. Quand le gentilhomme fut arrivé où elle était, elle alla aussitôt fermer les deux portes par où on pouvait venir et, sans ôter 35 son touret de nez, en l'embrassant bien fort, elle lui dit le plus bas qu'il lui fut possible:

«Il y a longtemps, mon ami[§], que l'amour que je vous porte m'a fait désirer trouver le lieu et l'occasion de pouvoir vous voir, mais la crainte de perdre mon honneur a été pour un temps si forte qu'elle 40 m'a contrainte, malgré mon désir, de dissimuler cette passion. Mais à la fin, la force de l'amour a vaincu la crainte et, puisque je reconnais votre honnêteté, si vous voulez me promettre de m'aimer et de ne jamais en parler à personne, ni de vouloir chercher à savoir qui je suis, je vous assurerai bien que je vous serai fidèle et une parfaite

---

1. gentilhomme: Brantôme (1538-1614) donne sa version de ce fait vécu dans *La vie des dames galantes*. Il y précise que le gentilhomme en question est le seigneur de Chastaigneraie, mais garde secrète la véritable identité de celle nommée ici Jambicque.

2. touret de nez: petit masque qui couvre le milieu du visage.

45 amante, car jamais je n'en aimerai un autre que vous, bien que j'aime-
rais mieux mourir plutôt que vous sachiez qui je suis. »

Le gentilhomme lui promit ce qu'elle demandait. Ce qui rendit
très facile l'acceptation de pareilles conditions, c'est de ne pouvoir
lui refuser une chose qu'il voulait prendre. Il était cinq ou six heures,
50 en hiver, ce qui l'empêchait tout à fait de la voir. En touchant ses
vêtements, il nota qu'ils étaient de velours, ce qui en ce temps-là ne
se portait pas tous les jours, sinon par les femmes de grande maison
et d'autorité. En touchant ce qui était dessous, autant qu'il pouvait le
deviner par le jugement de la main, il ne trouva rien qui ne fût en très
55 bon état, net et ferme. Aussi se mit-il en peine de lui faire le meilleur
accueil qu'il lui fut possible. De son côté, elle n'en fit pas moins. Et le
gentilhomme sut qu'elle était mariée.

Elle voulut s'en retourner aussitôt par où elle était venue, mais le
gentilhomme lui dit :
60 « J'estime beaucoup le bonheur que sans mérite vous m'avez
donné, mais j'estimerai plus celui que j'aurai de vous grâce à ma
requête. Je me tiens si satisfait d'une telle grâce que je vous supplie
de me dire si je ne dois pas espérer encore un bonheur semblable,
et de quelle façon il vous plaira que j'agisse car, vu que je ne puis vous
65 connaître, je ne sais comment le poursuivre.

— Ne vous en souciez pas, dit la dame, mais rassurez-vous, tous
les soirs, avant le souper de ma maîtresse, je ne manquerai pas de
vous envoyer quérir[1], à condition qu'à l'heure dite vous soyez sur la
terrasse où vous étiez tantôt. Je vous demanderai alors de vous sou-
70 venir de ce que vous avez promis, ainsi vous comprendrez que je vous
attends dans cette galerie. Même si vous entendez parler du repas,
vous pourrez bien ce jour-là vous retirer et venir dans la chambre de
notre maîtresse. Et surtout, je vous prie, ne cherchez jamais à me
connaître, si vous ne voulez pas la fin de notre amour. »

75 La demoiselle et le gentilhomme se retirèrent tous deux, chacun
en leur lieu.

Et ils continuèrent longtemps cette vie, sans qu'il devinât jamais
qui elle était. Il entra donc dans une grande rêverie, réfléchissant à

---

1. quérir : chercher, demander.

qui ce pouvait être. Or il ne pouvait croire qu'il y eût une femme
80 au monde qui ne voulut être vue et aimée. Et il lui vint le doute
que ce fut là quelque esprit malin, ayant entendu dire par quelque
sot prêcheur que celui qui aurait vu le visage du diable ne l'aurait
jamais aimé. À cause de ce doute-là, il décida de savoir qui était celle
qui lui faisait si bon accueil et, lorsqu'elle le demanda à nouveau,
85 il emporta avec lui de la craie avec laquelle, en l'embrassant, il lui
fit une marque sur l'épaule, par-derrière, sans qu'elle s'en aperçût.
Et aussitôt qu'elle fut partie, le gentilhomme se rendit en hâte dans
la chambre de sa maîtresse et se tint près de la porte pour regarder
le derrière des épaules de celles qui y entraient. Entre autres, il vit
90 entrer cette Jambicque, avec une assurance si hautaine qu'il craignait
de la regarder comme les autres, tenant pour sûr que ce ne pouvait
être elle. Mais alors qu'elle se tournait, il remarqua la craie blanche,
ce dont il fut si étonné qu'à peine pouvait-il croire ce qu'il voyait.
Toutefois, ayant bien observé sa taille, qui était semblable à celle qu'il
95 touchait, et les formes de son visage qui au toucher peuvent se reconnaître, il se donna la certitude que c'était bien elle. Ainsi fut-il très fier
de voir qu'une femme qui n'avait jamais eu la réputation d'avoir un
serviteur§ et qui avait refusé tant d'honnêtes gentilshommes s'était
arrêtée à lui seul. Amour§, qui ne demeure jamais dans le même état,
100 ne put endurer que le gentilhomme vécût longtemps dans ce calme. Il
lui mit dans l'âme de tels sentiments de fierté et d'espoir que le gentilhomme se décida à faire connaître son amour, pensant que, quand
il serait connu, il aurait une bonne raison d'augmenter. Et un jour
que la dame de haut rang était au jardin, la demoiselle Jambicque alla
105 se promener dans une autre allée. La voyant seule, le gentilhomme
s'avança pour avoir un entretien et, feignant ne l'avoir point vue
ailleurs, lui dit :

« Mademoiselle, il y a longtemps que mon cœur vous porte une
affection que, par peur de vous déplaire, je n'ai jamais osé vous
110 révéler. Or je suis si malheureux que je ne puis plus supporter cette
peine sans mourir, car je crois que jamais un homme ne sut vous
aimer autant que je vous aime. »

La demoiselle Jambicque ne le laissa pas achever son propos et elle
lui dit avec une très grande colère :

115 « Avez-vous jamais entendu dire ou vu que j'ai eu un amant ou un
serviteur§ ? Je suis sûre que non, et je m'étonne que vous vienne cette
hardiesse de tenir de tels propos à une femme vertueuse comme moi.
Vous m'avez assez fréquentée en ce lieu pour savoir que jamais je n'en
aimerai un autre que mon mari, aussi, gardez-vous de continuer ces
120 propos ! »

Entendant un si grand mensonge, le gentilhomme ne put se retenir
de rire et de lui dire :

« Madame, vous ne m'êtes pas toujours aussi rigoureuse qu'à l'instant. À quoi cela vous sert-il d'user envers moi d'une telle dissimula-
125 tion ? Ne vaut-il pas mieux avoir un amour avoué qu'inavoué ? »

Jambicque lui répondit :

« Je n'ai avec vous aucun amour, avoué ou inavoué, sinon comme
avec les autres serviteurs de ma maîtresse, mais si vous continuez les
propos que vous m'avez tenus, je pourrais bien développer une telle
130 haine qu'elle vous nuira. »

Le gentilhomme poursuivit encore son propos et lui dit :

« Et où est le bon accueil que vous me faites quand je ne puis vous
voir ? Pourquoi m'en privez-vous maintenant que le jour me montre
votre beauté accompagnée d'une parfaite et noble grâce ? »

135 Jambicque, faisant un grand signe de croix, lui dit : « Ou vous avez
perdu l'esprit, ou vous êtes le plus grand menteur du monde, car
jamais de ma vie je n'ai pensé à vous faire meilleur ou pire accueil
que celui que je vous fais. Et je vous prie de me dire comment vous
l'entendez. »

140 Alors le pauvre gentilhomme, pensant la gagner davantage, alla
lui conter le lieu où il l'avait vue, et la marque de craie qu'il lui avait
faite pour la reconnaître, ce dont elle fut si outrée de colère qu'elle
lui dit qu'il était le plus méchant homme du monde, qu'il avait forgé
contre elle un mensonge si vilain qu'elle se mettrait en peine de l'en
145 faire s'en repentir. Lui, qui savait le crédit qu'elle avait auprès de
sa maîtresse, voulut l'apaiser, mais ce fut impossible. Le laissant là,
furieuse, elle alla rejoindre sa maîtresse, laquelle laissa là toute la
compagnie pour venir s'entretenir avec Jambicque qu'elle aimait
comme elle-même. Elle la trouva dans une si grande colère qu'elle
150 lui demanda ce qu'elle avait, ce que Jambicque ne voulut point lui

cacher en lui racontant tous les propos que le gentilhomme lui avait
tenus, et si mal à l'avantage du pauvre homme que, dès le soir, sa
maîtresse lui demanda qu'il eût à se retirer immédiatement dans
sa maison, sans parler à quiconque, et qu'il y demeurât jusqu'à ce
155 qu'il fût appelé. Il obéit prestement à cela, craignant d'avoir pis. Et
tant que Jambicque demeura avec sa maîtresse, le gentilhomme ne
retourna pas dans cette maison, ni ne put jamais entendre des nouvelles de celle qui lui avait bien promis qu'il la perdrait dès l'heure
qu'il la chercherait.

160   « Ainsi, mesdames, vous pouvez voir comment celle qui avait
préféré la gloire du monde à sa conscience a perdu l'un et l'autre,
car aujourd'hui est su de tout un chacun ce qu'elle voulait cacher
aux yeux de son amant et, fuyant la moquerie d'un homme, elle
est tombée dans la moquerie de tous. Néanmoins, elle ne peut être
165 excusée au nom de l'innocence d'un amour naïf, dont chacun doit
avoir pitié. Au contraire, elle sera doublement accusée d'avoir couvert
sa malice du double manteau de l'honneur et de la fierté, et d'avoir
voulu se faire devant Dieu et les hommes autre qu'elle était. Mais
Celui qui ne donne point sa gloire à autrui, en retirant ce manteau,
170 lui en a donné une double infamie.

      — Voilà, dit Oisille, une vilenie inexcusable, car qui peut parler
pour celle que Dieu, l'honneur et même l'amour accusent ?

      — Qui ? dit Hircan, mais le plaisir et la folie, qui sont deux grands
avocats pour les dames.

175   — Avec les hommes, si nous n'avions d'autres avocats qu'eux, dit
Parlamente, notre cause serait mal défendue, mais celles qui sont
vaincues dans le plaisir ne doivent plus se nommer femmes mais
hommes, desquels la fureur et la concupiscence augmentent l'honneur. Car un homme qui se venge de son ennemi et le tue pour un
180 démenti est estimé plus noble compagnon ; ainsi en est-il quand il
aime une douzaine de femmes en plus de son épouse ! Mais l'honneur
des femmes a d'autres fondements : ceux de la douceur, de la patience
et de la chasteté.

      — Vous parlez des femmes qui sont sages ? dit Hircan.

185   — Mais, répondit Parlamente, je ne veux point en connaître
d'autres. »

SOIXANTE-SEPTIÈME NOUVELLE

Roberval[1], lors d'un voyage en mer, dont il était le chef par le commandement du Roi son maître, se rendit dans la colonie du Canada, lieu où il aurait décidé, si l'air du pays eût été commode, de demeurer et de fonder des villes et des fortifications. Toutefois, comme chacun
5 sait, il amorça cette entreprise et, pour peupler le pays de chrétiens, il emmena avec lui toutes sortes d'artisans, parmi lesquels il y avait un homme qui, par malheur, trahit son maître et le mit en danger d'être capturé par des sauvages du pays. Mais Dieu voulut que son entreprise fût aussitôt connue, si bien qu'elle ne put nuire au capitaine Roberval.
10 Celui-ci fit arrêter le méchant traître et voulut le punir comme il l'avait mérité, ce qui eût été fait, sans sa femme, qui avait suivi son mari à travers les périls de la mer et qui ne voulut pas l'abandonner à la mort. Aussi, avec force larmes, elle impressionna tant le capitaine et toute la compagnie que, par pitié pour elle autant que pour les services
15 qu'elle leur avait rendus, Roberval lui accorda sa requête, c'est-à-dire que le mari et la femme furent laissés sur une petite île, en pleine mer, où n'habitaient que des bêtes sauvages, et qu'il leur fut permis d'apporter avec eux tout ce dont ils avaient besoin.

Se retrouvant tout seuls en compagnie des bêtes sauvages et féroces,
20 les pauvres gens n'eurent recours qu'à Dieu, qui avait toujours été le ferme espoir de cette pauvre femme. Et comme celle qui cherche toute consolation en Dieu, elle apporta pour sa sauvegarde, sa nourriture et sa consolation le Nouveau Testament, qu'elle lisait sans cesse. Alors, avec son mari, elle se mettait en peine d'arranger un petit logis du
25 mieux qu'il leur était possible et, quand les lions et autres bêtes en approchaient pour les dévorer, le mari avec son arquebuse[2] et elle avec des pierres se défendaient si bien que non seulement les bêtes n'osaient les approcher, mais que bien souvent ils en tuèrent de très bonnes à manger. Ainsi, avec telles viandes et les herbes du pays, ils

---

1. Roberval : nommé lieutenant général du Canada, le capitaine Jean-François de La Roque, sieur de Roberval (1500-1561), entreprend en avril 1542 d'y fonder avec 200 hommes et femmes un établissement durable. Il y renonce l'année suivante et retourne en France. L'anecdote rapportée ici est un fait historique.

2. arquebuse : ancienne carabine à mèche et à poudre.

30 vécurent quelque temps. Et quand le pain leur manqua, le mari ne put
à la longue supporter semblable nourriture et, à cause de l'eau qu'ils
buvaient, il devint si enflé qu'en peu de temps il mourut, n'obtenant
d'autres services et consolations que de sa femme, laquelle lui servait
de médecin et de confesseur, en sorte qu'il passa bienheureux de
35 ce désert au céleste royaume. Et la pauvre femme, demeurée seule,
l'enterra le plus profondément possible. Néanmoins, les bêtes en
eurent aussitôt le sentiment et vinrent pour manger la charogne. Et la
pauvre femme, dans sa petite maisonnette, se défendait à coups d'arquebuse, afin que la chair de son mari n'eût pas le ventre des bêtes
40 pour sépulcre. Vivant ainsi, quant au corps tout comme une bête et
quant à l'esprit tout comme un ange, elle passait son temps en lectures, contemplations, prières et oraisons, ayant un esprit joyeux et
content dans un corps amaigri et à moitié mort. Mais Celui qui
n'abandonne jamais les siens et qui devant le désespoir des autres
45 montre sa puissance ne permit pas que la vertu qu'Il avait mise chez
cette femme fût ignorée des hommes. Il voulut qu'elle fût connue
pour Sa gloire et, au bout de quelque temps, Il fit en sorte que, dans
un des navires de l'armée qui passait devant cette île, les gens qui
étaient sur le pont aperçurent une fumée qui leur fit se souvenir de
50 ceux qui avaient été laissés là et ils décidèrent d'aller voir ce que Dieu
avait fait d'eux. La pauvre femme, voyant approcher le navire, se pré-
cipita au bord de la mer, là où ils la trouvèrent à leur arrivée. Et après
en avoir rendu louange à Dieu, elle les invita dans sa pauvre maisonnette et leur montra de quoi elle avait vécu durant ce séjour, ce qui
55 leur aurait paru incroyable s'ils n'avaient su que Dieu a le pouvoir de
nourrir dans un désert ses serviteurs comme aux plus grands festins
du monde. Et ne pouvant la laisser en un tel lieu, ils emmenèrent la
pauvre femme avec eux droit à La Rochelle où ils arrivèrent après un
long voyage en mer. Et quand ils eurent fait connaître aux habitants la
60 fidélité et la persévérance de cette femme, elle fut reçue avec de grands
honneurs par toutes les dames, qui lui confièrent volontiers leurs filles
pour leur apprendre à lire et à écrire. Et à cet honnête métier-là, elle
gagna plus qu'il n'en faut pour vivre, n'ayant nul autre désir que d'ex-
horter tout un chacun à aimer avec confiance Notre Seigneur, propo-
65 sant en exemple la grande miséricorde dont Il avait usé envers elle.

« Maintenant, mesdames, ne pouvez-vous pas dire que je ne loue bien les vertus que Dieu a mises en vous, lesquelles se montrent plus grandes lorsque le sujet est plus infirme ?

— Mais nous ne sommes pas chagrines, dit Oisille, quand vous
70 louez les grâces de Notre Seigneur en nous. À vrai dire, toute vertu vient de Lui et il faut passer sous silence qu'à l'ouvrage Dieu favorise aussi peu l'homme que la femme, car l'un et l'autre, par Son cœur et Son vouloir, ne font rien que semer : Lui seul fait croître.

— Si vous avez bien lu les Écritures, dit Saffredent, saint Paul dit
75 qu'Apollon[1] a planté et qu'il a arrosé, mais il ne parle point que les femmes aient mis la main à l'ouvrage de Dieu.

— Vous voudriez suivre, dit Parlamente, l'opinion des mauvais hommes qui prennent un passage des Écritures pour eux et laissent celui qui leur est contraire. Si vous lisez saint Paul jusqu'au bout,
80 vous trouverez qu'il se rappelle aux bons souvenirs des dames, qui ont beaucoup labouré avec lui dans l'Évangile.

— Quoi qu'il en soit, dit Longarine, cette femme est bien digne de louange, tant pour l'amour qu'elle a porté à son mari, pour lequel elle a hasardé sa vie, que pour la foi qu'elle a eue en Dieu, lequel, comme
85 nous voyons, ne l'a pas abandonnée.

— Je crois, dit Ennasuite, en premier lieu, qu'aucune femme ici n'aurait voulu en faire autant pour sauver la vie de son mari.

— Je crois, dit Parlamente, qu'il y a des maris qui sont si bêtes que celles qui vivent avec eux ne doivent point trouver étrange de vivre
90 avec leurs semblables. »

Ennasuite ne put se retenir de dire, comme prenant le propos à son compte :

« Toutefois les bêtes ne me mordent point et leur compagnie m'est plus plaisante que celle des hommes qui sont colériques et insuppor-
95 tables. Et je continuerai à dire que si mon mari était dans un danger semblable, je ne l'abandonnerais qu'à la mort.

— Gardez-vous de trop l'aimer, dit Nomerfide, trop d'amour trompe aussi bien lui que vous, car partout il faut de la mesure et sou-vent, faute d'être bien comprise, on engendre la haine par amour. »

---

1. Apollon : dieu du soleil, de la beauté, de la santé, de la sagesse, des arts, de la musique et de la poésie.

Maintenant, mesdames, ne pouvez-vous pas dire que je ne loue bien les vertus que Dieu a mises en vous, lesquelles se montrent plus grandes lorsque le sujet est plus infirme?

Lignes 66 à 68.

PORTRAIT D'ELSPETH TRUCHER, PAR DÜRER (1499).

PAGE DE TITRE DE L'ÉDITION DE 1537 DE *Gargantua*.

GARGANTUA

COMMENT SON NOM FUT DONNÉ À GARGANTUA
ET COMMENT IL HUMAIT LE VIN.

Pendant que le bonhomme Grandgousier buvait et rigolait avec ses amis, il entendit l'horrible cri que son fils avait poussé en naissant et comme il braillait en demandant : « À boire ! à boire ! à boire ! ». Aussi le père s'écria-t-il : « Que grand tu as ! » (le gosier, bien sûr). En
5 entendant cela, les assistants convinrent que sans aucun doute l'enfant devait porter le nom de Gargantua puisque, selon le modèle et à l'exemple des anciens Hébreux, ç'avait été la première parole de son père à sa naissance. Ce à quoi condescendit ce dernier, et cela plut beaucoup à la mère. Puis, pour apaiser le bébé, on lui donna à boire à
10 volonté, avant de le porter sur les fonts, où il fut baptisé, comme c'est la coutume chez les bons chrétiens.

Dix-sept mille neuf cent treize vaches de Pontille et de Bréhémont lui furent requises pour son allaitement quotidien. En effet, dans tout le pays, il était impossible de trouver une nourrice qualifiée, si l'on
15 considère la grande quantité de lait nécessaire à son alimentation, bien que certains docteurs, disciples de John Duns Scot[1], aient affirmé que sa mère l'allaita et qu'elle pouvait traire chaque fois de ses mamelles quatorze cent deux mesures et neuf pots de lait, ce qui est incroyable, aussi cette supposition a-t-elle été déclarée *mamellement*
20 scandaleuse, offensante pour les oreilles pieuses et sentant de loin l'hérésie.

À ce régime, il passa jusqu'à un an et dix mois, temps après lequel, par le conseil des médecins, on commença à le transporter, ce qui fut fait dans une belle charrette à bœufs, inventée par Jean Denyau. Dans
25 celle-ci, on le promenait par-ci, par-là, joyeusement, et il faisait bon le voir, car il avait une bonne trogne comptant presque dix-huit

---

1. John Duns Scot : célèbre théologien médiéval (1270-1308), il enseigna à Paris la supériorité de la foi sur la raison. Sa dialectique, aussi subtile que creuse, en fit le maître à penser des scolastiques. Rabelais le considère comme l'ennemi de la pensée ouverte et pragmatique si chère aux humanistes.

mentons. Il ne criait que bien peu, mais il chiait à toute heure, car il était merveilleusement flegmatique des fesses, tant par complexion naturelle que par une disposition accidentelle qu'il avait contractée
30 après avoir trop humé de purée septembrale[1]. Et il n'en humait jamais une goutte sans raison, car s'il advenait qu'il fût dépité, courroucé[§], fâché ou attristé, s'il trépignait, s'il pleurait, s'il criait, en lui apportant à boire, on le tranquillisait et, aussitôt, il demeurait sage et souriant.

Une de ses gouvernantes m'a dit, jurant sur sa foi, qu'il avait tel-
35 lement l'habitude d'agir ainsi, qu'au seul son des pintes et flacons, il entrait en extase, comme s'il goûtait là les joies du paradis. De sorte que ses gouvernantes, considérant cette divine attitude, pour le réjouir, au matin, faisaient devant lui tinter des verres avec un couteau ou des flacons avec leurs bouchons ou des pintes avec leurs
40 couvercles. À ces sons, il s'égayait, il tressaillait et se berçait lui-même, dodelinant de la tête, pianotant des doigts et barytonnant du cul.

(*Chapitre* 7)

Comment Grandgousier reconnut la prodigieuse intelligence de Gargantua à l'invention d'un torche-cul.

Sur la fin de la cinquième année, au retour de la défaite des Canarriens[2], Grandgousier rendit visite à son fils Gargantua. Il se réjouit alors comme un pareil père ne peut manquer de le faire en voyant un pareil fils et, tout en l'embrassant et l'étreignant, il l'inter-
5 rogeait sur toutes sortes de petits sujets puérils. Et il but autant qu'il put avec l'enfant et avec ses gouvernantes auxquelles, avec beaucoup d'intérêt, il demanda si, entre autres choses, elles l'avaient tenu propre et net. À cela, Gargantua répondit qu'il avait observé sur ce point une telle discipline que, dans tout le pays, il n'y avait aucun garçon plus
10 propre que lui :

---

1. purée septembrale : raisins écrasés aux vendanges de septembre et, par extension, le vin qu'on en tire.
2. Canarriens : habitants des îles Canaries, au large de la côte nord-est de l'Afrique.

À ces sons, il s'égayait, il tressaillait et se berçait
lui-même, dodelinant de la tête, pianotant des doigts
et barytonnant du cul.

Lignes 40 à 41.

ILLUSTRATION DE GUSTAVE DORÉ.

« Comment cela ? dit Grandgousier.

— Grâce à une longue et minutieuse expérience, répondit Gargantua, j'ai inventé le plus seigneurial, le plus excellent et le plus efficace moyen jamais vu de me torcher le cul.

15   — Lequel ? dit Grandgousier.

— Je vais tout de suite vous le raconter, dit Gargantua.

« Je me torchai d'abord avec le cache-nez de velours d'une demoiselle et je le trouvai bon parce que la douceur de sa soie me causait au fondement une très grande volupté ;

20   « une autre fois avec un chaperon de la même, avec le même résultat ;

« une autre fois avec un cache-col ;

« une autre fois avec des cache-oreilles de satin cramoisi, mais les dorures d'un tas de petites perles de merde qui s'y trouvaient m'écor-
25   chèrent tout le derrière : que le feu saint Antoine[1] brûle le trou du cul de l'orfèvre qui les a faites et celui de la demoiselle qui les portait !

« Ce mal me passa quand je me torchai avec un bonnet de page, bien emplumé à la suisse.

« Puis, comme je fientais derrière un buisson, je trouvai un chat de
30   mars[2]. Grâce à lui, je me torchai, mais ses griffes m'ulcérèrent tout le périnée[3].

« Je me guéris de cela le lendemain, en me torchant avec les gants de ma mère, bien parfumés à la chatte.

« Puis, je me torchai avec de la sauge, du fenouil, de l'aneth, de la
35   marjolaine, des roses, des feuilles de courges, des choux, des bettes, de la vigne, de la guimauve, du bouillon-blanc[4] (ça rend le cul écarlate !), des laitues et des feuilles d'épinards, (le tout me fit une belle jambe !), avec de la mercuriale, de la persicaire, des orties, de la consoude[5], à

---

1. feu saint Antoine : autre nom de l'érysipèle, maladie contagieuse de la peau due à une infection causant des plaques rouges et tuméfiées très douloureuses.
2. chat de mars : les chats nés au mois de mars avaient la réputation d'être coléreux.
3. périnée : région anatomique entre l'anus et les organes génitaux.
4. bouillon-blanc : plante dont les fleurs donnent une tisane qui combat le rhume en suscitant la chaleur.
5. de la mercuriale, de la persicaire, des orties, de la consoude : la mercuriale sert comme purgatif, la persicaire donne des démangeaisons, les orties causent des brûlures et une décoction de consoude fait cesser la diarrhée.

cause de laquelle je pissai du sang comme un Lombard[1], ce dont je
40 fus guéri en me torchant de ma braguette.

« Puis, je me torchai avec les draps, les couvertures, les rideaux, les
coussins, un tapis, un vert[2], une guenille, une serviette, un mouchoir,
un peignoir. Avec tout cela, je trouvai plus de plaisir qu'en ont les
galeux quand on les étrille[3].

45   — Voyons voir ! dit Grandgousier, quel torche-cul trouvas-tu le
meilleur ?

— J'y étais, dit Gargantua, vous allez en savoir à l'instant le fin
mot. Je me torchai avec du foin, de la paille, de la bauduffe[4], de la
bourre[5], de la laine et du papier. Mais

50   *Laisse toujours aux couilles une crotte*
      Afin que ton cul sale au papier se frotte.

— Quoi ! dit Grandgousier, mon petit couillon, aimes-tu tant à te
soûler que tu saches déjà rimer ?

— Oui-da, mon roi, répondit Gargantua, je rime tellement, qu'en
55 rimant si souvent, je m'enrhume. Écoutez ce que disent les murs de
notre petit coin aux fienteurs :

Chieur,

Foireux,

Péteur,

60   Crotteux,

Ton merdier

Lâché

S'est étalé

Sur nous.

65   Sale fou

Emmerdant,

---

1. Lombard : habitant de la Lombardie, une région du nord de l'Italie (cap. : Milan). La « pisse des
   Lombards », c'est la dysenterie, une maladie intestinale, causée par des bacilles ingérés, qui donne
   des crampes et des diarrhées sévères auxquelles peut se mêler du sang.
2. un vert : un tapis de jeu de couleur verte.
3. étrille : frotte, brosse. Ce mot s'emploie surtout au sujet des chevaux qu'on nettoie ainsi. Ici,
   Rabelais évoque la même technique pour déloger des gales chez des humains.
4. bauduffe : vessie d'un porc.
5. bourre : amas de poils arrachés d'une peau avant le tannage. La bourre s'emploie en rembourrage.

Dégouttant,
Que le feu saint Antoine§ puisse te rôtir !
Si tous
70   Tes trous
Béants
Tu ne les torches avant de sortir !

« En voulez-vous davantage ?
— Oui-da, répondit Grandgousier.
75   — Donc, dit Gargantua :

RONDEAU
En chiant l'autre jour, j'ai senti
L'obole qu'à mon cul je devais ;
L'odeur fut autre que je voulais :
J'en fus tout entier empuanti.
80   Ô ! Si on avait consenti
À m'amener celle que j'attendais,
En chiant,
Je lui eusse accommodé, je crois,
Son trou d'urine, sans façon ;
85   Alors qu'elle eût mis ses doigts
À mon trou de merde comme bouchon,
En chiant !

« Dites tout de suite et encore que je n'y connais rien ! Par la *mer de*[1] Dieu, je ne les ai pas composés moi-même, mais les ayant entendu
90 réciter à ma grand-mère que vous voyez ici, je les ai retenus dans la gibecière[2] de ma mémoire.
— Revenons, dit Grandgousier, à notre propos.
— Lequel ? dit Gargantua, chier ?
— Non, dit Grandgousier, mais se torcher le cul.

---

1. *mer de* : jeu de mots blasphématoire de Rabelais, mettant à profit l'homophonie des mots « merde » et « mère de ».

2. gibecière : sac de chasse contenant le gibier, mais aussi bourse portée à la ceinture qui rappelle les testicules. En d'autres mots, Gargantua réfléchit ici avec ses couilles.

95   — Mais, dit Gargantua, voulez-vous payer une barrique de vin
      breton si je vous éblouis par mes connaissances?
      — Oui, certainement, dit Grandgousier.
      — Il n'est point besoin de torcher un cul, dit Gargantua, s'il n'y a
      pas d'ordures; aucune ordure ne peut y être si on n'a pas chié; il nous
100   faut donc chier avant de nous torcher!
      — Oh! dit Grandgousier, que tu es plein de bon sens, petit gar-
      çonnet! Bientôt, je te ferai passer docteur en gai savoir, pardieu! car
      tu as de l'intelligence plus que d'ordinaire à ton âge. Aussi poursuis ce
      propos *torcheculatif*, je t'en prie. Et, par ma barbe, au lieu d'une
105   barrique, tu auras, c'est entendu, soixante mesures de ce bon vin
      breton, lequel ne provient point de Bretagne, mais de ce bon pays de
      Véron[1].
      — Je me torchai ensuite, dit Gargantua, avec un couvre-chef, un
      oreiller, une pantoufle, une gibecière§, un panier (mais, ô quel désa-
110   gréable torche-cul!), puis avec un chapeau. Notez qu'avec les cha-
      peaux, certains sont de feutre ras, d'autres faits de poil, de velours, de
      taffetas ou de satin; le meilleur de tous demeurant celui de poil, car il
      assure une excellente absorption de la matière fécale.
      «Puis, je me torchai avec une poule, un coq, un poulet, la peau
115   d'un veau, un lièvre, un pigeon, un cormoran, un sac d'avocat, une
      cagoule, une coiffure, un leurre.
      «Mais, pour conclure, j'affirme et je maintiens qu'il n'y a pas de
      meilleur torche-cul qu'un oison[2] bien duveteux, pourvu qu'on lui
      tienne la tête entre les jambes. Et sur l'honneur, croyez-m'en, vous
120   ressentez alors au trou du cul une volupté prodigieuse, tant par la
      douceur de ce duvet que par la chaleur tempérée de l'oison, laquelle
      se communique facilement au boyau du cul et aux autres intestins
      jusqu'à atteindre la région du cœur et du cerveau. Et ne pensez pas
      que la béatitude des héros et demi-dieux aux champs Élysées relève
125   de leur asphodèle, ambroisie ou nectar[3], comme le disent les vieilles

---

1. pays de Véron: région agricole au confluent de la Vienne et de la Loire. L'appellation «vin breton» désigne le cépage et non la provenance de la cuvée.
2. oison: petit de l'oie.
3. asphodèle, ambroisie ou nectar: fleur ravissante, boisson et liqueur agrémentant le bonheur des dieux dans leur séjour des champs Élysées, sur le mont Olympe.

:·par ici. À mon avis, elle relève du fait qu'ils se torchent le cul d'un oison, et c'est aussi l'opinion de Maître John Duns Scot[§]. »

(*Chapitre* 13)

COMMENT GARGANTUA FUT ENVOYÉ À PARIS, ET DE L'ÉNORME JUMENT QUI LE PORTA ET COMMENT ELLE FIT DISPARAÎTRE LES MOUCHES À BŒUFS DE LA BEAUCE.

À cette époque-là, Fayolles[1], quatrième roi de Numidie, envoya d'Afrique à Grandgousier une jument, la plus énorme et la plus grande qu'on n'ait jamais vue, et la plus monstrueuse aussi (car, comme vous le savez, l'Afrique envoie toujours quelque chose de nou-
5 veau). Elle était grande comme six éléphants et avait les pieds fendus en doigts comme le cheval de Jules César, les oreilles aussi pendantes que celles des chèvres de Languegoth[2], et une petite corne au cul. Pour le reste, elle avait une robe d'alezan brûlé, pommelée de gris. Mais surtout elle avait une queue horrible, car elle était à peu près aussi
10 grosse et aussi carrée que la pile Saint-Mars, près de Langeais[3], avec les crins ni plus ni moins emberlificotés que le sont des épis de blé.

Si cela vous étonne, étonnez-vous davantage de la queue des béliers de Scythie[4], qui pesait plus de trente livres, et de celle des moutons de Syrie, auxquels il faut, si Thénaud[5] dit vrai, atteler une charrette au
15 cul pour la supporter, tant elle est longue et pesante. Vous ne l'avez pas comme celle-là, vous autres, les débauchés des pays plats.

Et la jument fut amenée par mer, sur trois caraques et un brigantin, jusqu'aux Sables-d'Olonne, en Talmondais[6].

---

1. Fayolles : personnage imaginaire.
2. Languegoth : aujourd'hui, le Languedoc, région du sud de la France, que les Wisigoths, tribu germanique, envahirent au ve siècle.
3. la pile Saint-Mars, près de Langeais : fortifications de l'Antiquité, dont les ruines s'élèvent près du petit village de Langeais, non loin de Chinon.
4. Scythie : pays du nord de la mer Noire, aujourd'hui l'Ukraine.
5. Thénaud : dans son journal de voyage au Moyen-Orient (1530), l'écrivain et chroniqueur Jean Thénaud fait la description de gigantesques moutons.
6. trois caraques et un brigantin, jusqu'aux Sables-d'Olonne, en Talmondais : trois grands vaisseaux génois et un petit navire de guerre sont nécessaires pour transporter la jument jusqu'au port des Sables-d'Olonne, en Vendée, au centre de la côte atlantique française.

Lorsque Grandgousier la vit: «Voici, dit-il, ce qu'il faut pour
20 porter mon fils jusqu'à Paris. Avec ça, pardieu, tout ira bien! Un jour,
il sera grand clerc. Et si ce n'était de messieurs les bêtes, nous vivrions
tous comme des clercs[1].»

Au lendemain, après le boire, comme vous vous en doutez bien,
Gargantua se mit en chemin avec son précepteur Ponocrates et ses
25 gens, dont faisait partie Eudémon, le jeune page. Et parce que c'était
par un temps serein et bien tempéré, son père lui fit faire des bottes
en cuir fauve, que Babin[2] nomme brodequins[§].

Ainsi, joyeusement, ils firent ce grand voyage, faisant partout
bonne chère, jusqu'à Orléans. Là se trouvait une grande forêt d'en-
30 viron trente-cinq lieues de longueur par dix-sept de largeur. Elle était
terriblement infestée et riche en mouches bovines et frelons, si bien
que c'était un vrai lieu de massacre pour les pauvres ânes, chevaux
et juments. Mais celle de Gargantua se vengea fort bien de tous les
outrages perpétrés dans cette forêt sur les bêtes de son espèce par
35 un tour auquel les insectes ne s'attendaient pas. Car dès qu'ils furent
entrés dans la dite forêt et que les frelons lui eurent livré l'assaut,
elle dégaina sa queue et, dans l'escarmouche, fit si souvent mouche
qu'elle en abattit tout le bois. À tort et à travers, deçà, delà, par-ci,
par-là, de long en large, par-dessus et par-dessous, elle abattait les
40 troncs comme un faucheur fait des herbes, de sorte que depuis, il
n'y a plus ni bois ni frelons, et que tout le pays est devenu une rase
campagne.

Voyant cela, Gargantua y prit un bien grand plaisir et, sans autrement s'en vanter, il dit à ses gens: « Je trouve *beau ce.* » C'est pourquoi,
45 depuis ce temps, on appelle ce pays la *Beauce.* Mais, pour déjeuner, ils
ne purent que bâiller et, en mémoire de cela, encore aujourd'hui, les
gentilshommes de Beauce déjeunent de bâillements[3], s'en trouvant
fort bien et n'en crachant que mieux.

---

1. Pour lire le proverbe connu, il faut intervertir les mots «bêtes» et «clercs». Rabelais fait cette
   inversion dans un but parodique.
2. Babin: cordonnier de Chinon, au temps où Rabelais résidait dans cette ville.
3. déjeunent de bâillements: la pauvreté des Beaucerons, même les plus nobles, était proverbiale.

Finalement, ils arrivèrent à Paris, lieu où Gargantua se reposa
50 deux ou trois jours, faisant bonne chère avec ses gens, s'enquérant
des savants qui étaient alors en ville et du vin qu'on y buvait.

(*Chapitre 16*)

Comment Gargantua paya sa bienvenue aux Parisiens et comment il prit les grosses cloches de l'église Notre-Dame.

Quelques jours après qu'ils se furent reposés, Gargantua visita la
ville et fut vu de tout le monde, suscitant une grande admiration, car
le peuple de Paris est si sot, si badaud et si crétin de nature qu'un
bateleur, un vendeur d'indulgences, un mulet avec ses clochettes et
5 un vielleux[1] au milieu d'un carrefour rassembleront plus de gens que
ne le ferait un bon prêcheur des Évangiles. Et ils le poursuivirent de
façon si désagréable qu'il fut contraint de se réfugier dans les tours de
l'église Notre-Dame, lieu d'où, voyant tant de gens autour de lui, il dit
d'un ton léger :

10 « Je crois que ces maroufles veulent que je leur paye ici ma bienvenue par un cadeau. C'est d'accord. Je vais leur donner du vin, mais
ce ne sera que *par ris*[2]. »

Alors, en souriant, il détacha sa belle braguette et, tirant son engin
en l'air, il leur pissa si fort dessus qu'il en noya deux cent soixante
15 mille quatre cent dix-huit, sans compter les femmes et les petits
enfants.

Quelques-uns parmi ce nombre échappèrent à cette forte pisse en
détalant d'un pied léger et, quand ils furent au sommet du mont
Sainte-Geneviève dans le quartier de l'Université, suant, toussant,
20 crachant et hors d'haleine, ils commencèrent à blasphémer et à jurer,
les uns en colère, les autres *par ris* : « Carymari, carymara ! Par sainte
Mamie, nous sommes trempés *par ris* ! » Depuis lors, la ville est

---

1. vielleux : joueur de vielle, ancien instrument dont les cordes sont frottées par une roue qu'une manivelle fait tourner.
2. *par ris* : pour rire. Jeu de mots pour évoquer la ville de Paris.

nommée Paris, laquelle était appelée auparavant *Leukèce*[1], comme
l'affirme Strabon[2], au LIVRE IV, c'est-à-dire *Blanchette*, en grec, à
25 cause des blanches cuisses des dames de ce lieu. Et parce que, lors de
ce nouveau baptême, chacun des assistants jura par les saints de sa
paroisse, les Parisiens, qui sont composés de bien des sortes de gens,
et même de rapportés, se révèlent par nature et bons jureurs, et bons
juristes, et même un peu prétentieux, c'est pourquoi Joaninus de
30 Barranco estime, dans le livre *Des multiples révérences*, qu'ils sont
appelés *Parrhésiens*[3], c'est-à-dire, en grec, fort en gueule.

Cela fait, Gargantua considéra les grosses cloches qui étaient dans les
dites tours et il les fit sonner bien harmonieusement. Ce faisant, il lui
vint à l'idée qu'elles serviraient bien de clochettes au cou de sa jument,
35 qu'il voulait justement renvoyer à son père toute chargée de fromages
de Brie et de harengs frais. Aussi les emporta-t-il dans son logis.

Survint à ce moment-là un commandeur jambonnier de l'ordre de
saint Antoine[§] qui, pendant sa quête du lard[4], pour se faire entendre
de loin et faire trembler le cochon dans le saloir, voulut emporter les
40 cloches furtivement. Toutefois, par honnêteté, il les laissa, non parce
qu'elles étaient trop tentantes, mais parce qu'elles étaient un peu trop
pesantes à porter. Ce n'était pas le commandeur de Bourg[5], car il
compte au nombre de mes trop bons amis.

Toute la ville fut alors en proie à une émeute, situation dans
45 laquelle, comme vous le savez, les Parisiens se complaisent si souvent
que les nations étrangères s'étonnent de la patience (ou pour mieux
dire de la stupidité)[6] des rois de France qui, malgré les inconvénients
qui découlent jour après jour de ces troubles, ne les réfrènent pas assez
par l'intervention de la justice. Plût à Dieu que je connaisse les officines

---

1. *Leukèce*: c'est-à-dire Lutèce, nom donné par les Romains au futur Paris. Rabelais déforme le mot par plaisanterie.
2. Strabon: géographe grec (58 av. J.-C.–25 après J.-C.) qui n'a jamais affirmé cela. Rabelais invente pour faire une allusion à la cuisse légère des Parisiennes.
3. *Parrhésiens*: nouvelle invention plaisante pour décocher une autre flèche aux Parisiens.
4. quête du lard: les moines de saint Antoine, réputés vétérinaires, se faisaient récompenser par une quête de viande de porc.
5. commandeur de Bourg: en le déniant, Rabelais fait au contraire peser les soupçons sur ce moine appelé le commandeur de Bourg qui avait, semble-t-il, le sens de l'humour.
6. Dès la deuxième édition de *Gargantua*, Rabelais supprime le texte de cette parenthèse pour des raisons évidentes.

50 où sont forgés ces schismes et ces complots pour les révéler (en y faisant de beaux placards de merde)[1] aux confréries de ma paroisse !

Croyez-moi, le lieu où se rassembla le peuple furieux et en tumulte
fut l'hôtel de Nesle[2], où se trouvait alors — car maintenant il n'y est
plus — l'oracle de Lutèce. Là fut exposé le cas et démontré le grave pro-
55 blème causé par l'enlèvement des cloches. Après avoir bien ergoté sur le
pour et le contre, on conclut par un syllogisme[3], que l'on enverrait en
ambassade à Gargantua le plus vieux et le plus éminent des membres de
la Faculté, pour lui démontrer l'horrible inconvénient découlant de la
perte des dites cloches et, bien que certains universitaires alléguaient
60 que cette mission convenait mieux à un orateur qu'à un sophiste[4], on
mandata pour cette affaire Maître Janotus de Bragmardo.

(*Chapitre 17*)

COMMENT GARGANTUA MANGEA SIX PÈLERINS
EN SALADE.

Notre propos requiert[5] maintenant que nous racontions ce qu'il
arriva à six pèlerins qui venaient de Saint-Sébastien, près de Nantes.
Pour se loger, cette nuit-là, craignant des ennemis, ils s'étaient cachés
au jardin dans les plantations de pois, entre les choux et les salades.
5 Gargantua, qui ressentit un petit creux, demanda si l'on pourrait
trouver des laitues pour faire une salade et, ayant appris qu'il y avait
là les plus belles et les plus larges du pays — elles étaient en fait aussi
grandes que des pruniers ou des noyers — , il voulut y aller lui-même
et en emporta dans sa main ce que bon lui sembla, ramassant du
10 même coup les six pèlerins, lesquels étaient si effrayés qu'ils n'osaient
ni parler ni tousser.

---

1. Autre passage censuré dès la deuxième édition.
2. hôtel de Nesle : siège du conseil de l'Université de la Sorbonne.
3. syllogisme : méthode d'argumentation des scolastiques critiquée par les humanistes. Le syllogisme
   met en rapport le pour et le contre et trouve un moyen terme conclusif souvent erroné parce que
   participant d'une mécanique du langage plus que d'une réelle réflexion.
4. mieux […] qu'à un sophiste : les sophistes sont des spécialistes des syllogismes erronés, selon
   Rabelais.
5. requiert : exige.

Alors que, dans un premier temps, Gargantua les rinçait à la fontaine, les pèlerins se disaient les uns aux autres à voix basse : « Que faut-il faire ? Nous nous noyons ici, entre ces feuilles de laitue.

15 Parlerons-nous ? Mais si nous parlons, il nous tuera comme des espions… » Et comme ils discutaient ainsi, Gargantua les mit avec les laitues dans un plat de service, grand comme la tonne de Cîteaux[1], et assaisonnés d'huile, de vinaigre et de sel, il les mangea pour se rafraîchir avant le souper. Déjà, il avait avalé cinq des pèlerins, et seul le

20 sixième restait dans le plat, bien caché sous une laitue, exception faite de son bâton de voyage qui apparaissait par-dessus, lequel voyant, Grandgousier dit à Gargantua : « Je crois que c'est là une corne de limaçon : ne le mange point.

— Pourquoi pas ? dit Gargantua. Ne sont-ils pas bons ce mois-ci ?

25 Et, tirant sur le bâton, il souleva en même temps le pèlerin qu'il mangea bel et bien. Puis, il but une effroyable rasade de vin pineau, avant que son père et lui attendent que l'on apprêtât le souper.

Les pèlerins ainsi dévorés évitèrent du mieux qu'ils purent les meules des dents, croyant qu'on les avait jetés dans une basse fosse

30 de prison. Et lorsque Gargantua but la grande rasade, ils crurent se noyer dans sa bouche, et le torrent de vin les emporta presque dans le gouffre de son estomac. Toutefois, en sautant avec leurs bâtons de voyage comme le font les pèlerins du Mont Saint-Michel, ils se mirent en sûreté à l'orée de la bouche. Mais par malheur l'un d'eux, tâtant

35 avec son bâton le pays, pour savoir s'ils étaient en sécurité, frappa rudement dans le creux d'une dent gâtée et buta sur le nerf de la mandibule, ce qui causa une si forte douleur à Gargantua qu'il commença à crier à cause du mal qu'il endurait. Donc, pour se soulager, il fit apporter son cure-dent et, sortant vers le noyer grollier, il vous

40 dénicha ces messieurs les pèlerins. Il en extirpa un par les jambes, un autre par les épaules, un autre par la besace, un autre par la bourse, un autre par l'écharpe. Quant au pauvre hère qui l'avait frappé de son bâton, il l'accrocha par la braguette, mais ce fut pour le pèlerin une grande chance, car Gargantua lui perça un chancre en abcès qui le

45 martyrisait depuis le temps où ils avaient traversé Ancenis.

---

1. la tonne de Cîteaux : l'abbaye de Cîteaux, en Bourgogne, possédait une gigantesque et célèbre cuve.

Et, tirant sur le bâton, il souleva en même temps le pèlerin
qu'il mangea bel et bien.

Lignes 25 à 26.

ILLUSTRATION DE GUSTAVE DORÉ.

Ainsi les pèlerins dénichés s'enfuirent au galop parmi les vignes, et la douleur de Gargantua s'apaisa.

À ce moment-là, Gargantua fut appelé par Eudémon pour souper, car tout était prêt.

50 « Je m'en vais donc, dit-il, pisser mon malheur ! »

Alors il pissa si copieusement que l'urine coupa la voie aux pèlerins, qui furent contraints de franchir la grande rigole. Passant de là par l'orée d'un petit bois, ils tombèrent tous, excepté Fournillier, dans une fosse qu'on y avait faite pour prendre les loups à la traînée[1]. Ils
55 s'en échappèrent toutefois grâce à l'ingéniosité du dit Fournillier, qui rompit tous les liens et les cordes. Sortis de là, ils couchèrent pour le reste de cette nuit-là dans une masure près de Coudray. Et là, ils furent réconfortés de leur malheur par les bonnes paroles d'un de leurs compagnons, nommé Lasdaller[2], lequel leur donna la preuve
60 que cette aventure avait été prédite par David, dans les Psaumes[3] :

« *Quand des hommes se dressèrent contre nous, peut-être nous auraient-ils déglutis tout vivants* : c'est quand nous fûmes mangés en salade avec un grain de sel. *Quand leur colère s'enflamma contre nous, alors les eaux nous auraient submergés* : c'est quand il but la grande
65 rasade. *Notre âme a passé le torrent* : c'est quand nous avons franchi la grande rigole. *Peut-être notre âme eût-elle franchi les eaux irrépressibles* : n'est-ce pas son urine avec laquelle il nous coupa le chemin ? *Béni soit l'Éternel qui ne nous a pas livrés en pâture à leurs mâchoires. Notre âme s'est échappée comme l'oiseau du filet des oiseleurs* : c'est quand
70 nous sommes tombés dans la trappe. *Le filet a été rompu* — par Fournillier — *et nous avons retrouvé la liberté. Notre secours est...*, etc. »

(*Chapitre 38*)

---

1. à la traînée : ruse de chasse par laquelle on attire les loups dans une fosse en y traînant des bêtes mortes.
2. Lasdaller : jeu de mots. Las d'aller = fatigué de voyager.
3. les *Psaumes* : l'un des livres de la Bible. Le moine Lasdaller commente ensuite des passages des *Psaumes*, en italique, et en donne une explication (ou glose) qui, bien entendu, est loufoque et empreinte de superstitions.

LA DOLE SCENCE CLEMEN TINE.

Autrement, Les Oeuures de Clement Marot de Cahors en Quercy, Valet de Chambre du Roy, composees en leage de son Adolescence.
Auec la Complaincte sur le Trespas de feu Messire Florimond Robertet. Et plusieurs autres Oeuures faictes par ledict Marot depuis leage de sa dicte Adolescéce. Le tout reueu/corrige/& mis en bon ordre.

N. Beraldus, in Clementis
Adolescentiam.

Hi sunt Clementis iuueniles, aspice, Lusus.
Sed tamen his ipsis est iuuenile nihil.

On les venda Paris, deuant Lesglise Saincte Geneuiefue des Ardens, Rue Neufue nostre Dame, A Lenseigne du Faulcheur.

Auec Priuilege pour Trois Ans.

PAGE DE TITRE DE L'ÉDITION ORIGINALE DE
L'ADOLESCENCE CLÉMENTINE.

Ballade de frère Lubin

Pour courir en poste[§] à la ville
Vingt fois, cent fois, ne sais[1] combien ;
Pour faire quelque chose vile[2],
4 Frère Lubin le fera bien ;
Mais d'avoir honnête entretien
Ou mener vie salutaire,
C'est à faire à un[3] bon chrétien,
8 Frère Lubin ne le peut faire.

Pour mettre, comme un homme habile
Le bien d'autrui avec le sien,
Et vous laisser sans croix ni pile[4],
12 Frère Lubin le fera bien :
On a beau dire, je le tiens :
Et le presser de satisfaire[5],
Jamais ne vous en rendra rien,
16 Frère Lubin ne le peut faire.

Pour débaucher par un doux style[6]
Quelque fille de bon maintien,
Point ne faut de vieille subtile[7],
20 Frère Lubin le fera bien.
Il prêche en théologien,
Mais pour boire de belle eau claire,
Faites-la boire à votre chien,
24 Frère Lubin ne le peut faire.

---

1. ne sais : je ne sais pas.
2. quelque chose vile : une action mauvaise.
3. C'est à faire à un : c'est l'affaire d'un…
4. pile : argent, monnaie (cf. : le côté pile d'une pièce de monnaie).
5. satisfaire : (vous) rembourser.
6. par un doux style : par de belles paroles.
7. vieille subtile : entremetteuse d'expérience.

ENVOI

Pour faire plutôt mal que bien,
Frère Lubin le fera bien ;
Et si c'est quelque bonne affaire,
28 Frère Lubin ne le peut faire.

(*L'Adolescence clémentine*, BALLADES, 3)

CAHORS, LA VILLE OÙ NAQUIT CLÉMENT MAROT.

À UN POÈTE IGNORANT

Qu'on mène aux champs ce coquardeau[1],
Lequel gâte (quand il compose)
Raison, mesure, texte et glose[2],
4 Soit en ballade ou en rondeau.

Il n'a cervelle ni cerveau.
C'est pourquoi si haut crier j'ose :
7 « Qu'on mène aux champs ce coquardeau. »

S'il veut rien faire de nouveau,
Qu'il œuvre[3] hardiment en prose
(J'entends s'il en sait quelque chose) :
Car en rime ce n'est qu'un veau,
12 Qu'on mène aux champs.

(*L'Adolescence clémentine*, RONDEAUX, 7)

---

1. coquardeau : petit prétentieux.
2. glose : explication, étude, ici d'un poème.
3. Qu'il œuvre : qu'il écrive.

DE SA GRAND'AMIE[§]

Dedans Paris, ville jolie,
Un jour passant mélancolie
Je pris alliance nouvelle
À la plus gaie Demoiselle
5 Qui soit d'ici en Italie.

D'honnêteté elle est saisie[1],
Et crois selon ma fantaisie
Qu'il n'en est guère de plus belle
9   Dedans Paris.

Je ne vous la nommerai mie[2]
Sinon que c'est ma grand'Amie,
Car l'alliance se fit telle,
Par un doux baiser, que j'eus d'elle,
Sans penser aucune infamie
15   Dedans Paris.

(*L'Adolescence clémentine*, RONDEAUX, 39)

---

1. elle est saisie : elle est empreinte.
2. mie : pas (négation).

Secourez-moi, ma Dame, par amours...

Secourez-moi, ma Dame, par amours,
Ou autrement la Mort me vient quérir[§].
Autre que vous ne peut donner secours
À mon las cœur, lequel s'en va mourir.
Hélas, hélas, veuillez donc secourir
Celui qui vit pour vous en grand détresse,
7 Car de son cœur vous êtes la maîtresse.

Si par aimer, et souffrir nuits et jours,
L'ami[§] dessert[1] ce qu'il vient requérir[§],
Dites pourquoi faites si longs séjours[2]
À me donner ce que tant veux chérir ?
Ô noble fleur, laisserez-vous périr
Votre servant[§], par faute de liesse[3] ?
14 Je crois qu'en vous n'a point tant de rudesse.

Votre rigueur me fit plusieurs détours,
Quand au premier je vous vins requérir :
Mais Bel Accueil[4] m'a fait d'assez bons tours,
En me laissant maint baiser conquérir.
Las[§], vos baisers ne me savent guérir,
Mais vont croissant l'ardent feu qui me presse :
21 Jouissance est ma médecine expresse.

(*L'Adolescence clémentine*, CHANSONS, 2)

---

1. dessert : rend hommage à.
2. pourquoi faites si longs séjours : pourquoi vous tardez tant.
3. par faute de liesse : par manque de plaisir, en le privant des plaisirs que vous pouvez donner.
4. Bel Accueil : douce attitude de la femme qui invite l'homme à la galanterie.

DE LA ROSE ENVOYÉE POUR ÉTRENNES

La belle Rose, à Vénus[1] consacrée,
L'œil et le sens de grand plaisir pourvoit[2] ;
Si vous dirai[3], dame qui tant m'agrée[4],
4 Raison pourquoi de rouges on en voit.

Un jour Vénus son Adonis suivait
Parmi jardin plein d'épines et branches,
Les pieds sont nus et les deux bras sans manches,
Dont d'un rosier l'épine lui méfait[5] ;
Or étaient lors[6] toutes les roses blanches,
10 Mais de son sang de vermeilles en fait[7].

De cette rose ai jà[8] fait mon profit
Vous étrennant[9], car plus qu'à autre chose,
Votre visage en douceur tout confit[10],
14 Semble[11] à la fraîche et vermeillette rose.

(*Les Épigrammes*, I, 2)

---

1. Vénus : déesse mythologique de l'amour.
2. L'œil et le sens de grand plaisir pourvoit : la rose donne un grand plaisir à l'œil et à l'esprit de celui qui la contemple.
3. Si vous dirai : si je vous disais.
4. qui tant m'agrée : qui me plaît tant, qui me séduit autant.
5. lui méfait : lui cause une blessure.
6. lors : quand. Quand toutes les roses étaient blanches.
7. de son sang de vermeilles en fait : les rend rouges de son sang.
8. jà : déjà.
9. vous étrennant : en vous ayant pour amie, en faisant de vous ma compagne.
10. en douceur tout confit : tout empreint de douceur.
11. Semble : ressemble.

Huitain (de soi-même)

Plus ne suis ce que j'ai été,
Et ne le saurais jamais être.
Mon beau printemps et mon été
4 Ont fait le saut par la fenêtre.
Amour§, tu as été mon maître,
Je t'ai servi sur tous les Dieux.
Ah! si je pouvais deux fois naître,
8 Comme je te servirais mieux!

(*Les Épigrammes*, III, 53)

Le Beau Tétin

Tétin refait[1], plus blanc qu'un œuf,
Tétin de satin blanc tout neuf,
Tétin qui fais[2] honte à la Rose,
4 Tétin plus beau que nulle chose,
Tétin dur, non pas Tétin, voire,
Mais petite boule d'ivoire,
Sur le milieu duquel est assise
8 Une fraise, ou une cerise
Que nul ne voit, ni touche aussi :
Tétin donc au petit bout rouge,
Tétin qui jamais ne bouge,
12 Soit pour venir, soit pour aller,
Soit pour courir, soit pour baller[3].

Tétin gauche[4], Tétin mignon,
Toujours loin de son compagnon,
16 Tétin qui portes témoignage
Du demeurant du personnage,
Quand on te voit, il vient à maints[5]
Une envie dedans les mains
20 De te tâter, de te tenir :
Mais il se faut contenir
D'en approcher, bon gré ma vie[6],
Car il viendrait une autre envie.

---

1. refait : bien fait.
2. fais : le poète s'adresse au tétin à la deuxième personne du singulier.
3. baller : danser (au bal).
4. gauche : celui à gauche qui est toujours loin de celui de droite.
5. à maints : à bien des hommes.
6. bon gré ma vie : doux plaisir de ma vie.

24 Ô Tétin, ni grand, ni petit,
   Tétin mûr, Tétin d'appétit,
   Tétin qui nuit et jour criez
   Mariez-moi tôt, mariez !
28 Tétin qui s'enfles, et repousses
   Ton gorgias[1] de deux bons pouces,
   À bon droit heureux on dira
   Celui qui de lait t'emplira,
32 Faisant d'un Tétin de pucelle,
   Tétin de femme entière et belle.

(1536)

---

1. gorgias : chemisette sans manche qui couvre le corps jusqu'au cou.

L'ADIEU ENVOYÉ AUX DAMES DE LA COUR, AU MOIS D'OCTOBRE 1537

Adieu la cour, adieu les dames,
Adieu les filles et les femmes,
Adieu vous dis pour quelque temps,
4   Adieu vos plaisants passe-temps ;
Adieu le bal, adieu la danse,
Adieu mesure, adieu cadence,
Tambourin, hautbois et violons,
8   Puisqu'à la guerre nous allons.
Adieu les regards gracieux,
Messagers des cœurs soucieux ;
Adieu les profondes pensées,
12 Satisfaites ou offensées ;
Adieu les harmonieux sons
De rondeaux, dizains et chansons ;
Adieu piteux département[1],
16 Adieu regrets, adieu tourment,
Adieu la lettre, adieu le page,
Adieu la cour et l'équipage[2],
Adieu l'amitié si loyale,
20 Qu'on la pourrait dire royale,
Étant gardée en ferme foi
Par ferme cœur digne de roi.
Adieu ma mie la dernière[3],
24 En vertus et beauté première ;

---

1. département : départ.
2. équipage : la voiture, les chevaux et la suite constituent l'équipage d'un gentilhomme à la cour.
3. Adieu ma mie la dernière : en dernier lieu, adieu, ma tendre amie.

Je vous prie me rendre à présent
Le cœur[1] dont je vous fis présent,
Pour, en la guerre où il faut être,
28 En faire service à mon maître.
Or quand de vous se souviendra,
L'aiguillon d'honneur l'époindra[2]
Aux armes et vertueux faits :
32 Et s'il en sortait quelque effet
Digne d'une louange entière,
Vous en seriez seule héritière.
De votre cœur donc se souvienne,
36 Car si Dieu veut que je revienne,
Je le rendrai en ce beau lieu.
Or je fais fin[3] à mon adieu.

(*Les Épîtres*, 23)

DÉTAIL DU TABLEAU *UN CHEVALIER*, PAR GIORGIONE.

---

1. cœur : ici, « cœur » signifie à la fois le sentiment amoureux et le courage de se battre.
2. l'époindra : le poussera, le piquera.
3. Or je fais fin : ainsi je mets fin.

L·OLIVE

ET QVELQVES

AVTRES OEVVRES POE-
TICQVES.

Le contenu de ce liure.

Cinquante Sonnetz à la louange de l'Oliue.

L'Anterotique de la vieille, & de la
ieune Amye.

Vers Lyriques.

ar I. D. B. A.

CAELO MVSA BEAT

Imprimé à Paris pour Arnoul l'Angelier
tenant sa Bouticque au second pillier de
la grand' sale du Palays.

1 5 4 9.

Auec priuilege.

PAGE DE TITRE DE L'ÉDITION ORIGINALE DE *L'OLIVE*.

DÉJÀ LA NUIT EN SON PARC AMASSAIT…

Déjà la nuit en son parc amassait
Un grand troupeau d'étoiles vagabondes,
Et, pour entrer aux cavernes profondes,
4 Fuyant le jour, ses noirs chevaux chassait,

Déjà le ciel aux Indes[1] rougissait,
Et l'aube encor[2] de ses tresses tant blondes
Faisant grêler mille perlettes rondes,
8 De ses trésors les prés enrichissait[3],

Quand d'occident, comme une étoile vive,
Je vis sortir dessus ta verte rive,
11 Ô fleuve mien![4] une nymphe[5] en riant.

Alors, voyant cette nouvelle Aurore,
Le jour honteux d'un double teint colore,
14 Et l'Angevin[6] et l'indique orient[7].

(*L'Olive*, 83)

[Handwritten annotations: strophes / 2 quatrains / 2 tercets; vers décasyllabes; rimes / 2 embrassées / suivies / embrassées; personnification; comparaison; antithèse; parallélisme; A B B A / croisée]

---

1. aux Indes : vers l'est, vers l'orient où se trouvent les Indes.
2. encor : encore. Licence orthographique autorisée en poésie.
3. enrichissait : le sujet de ce verbe est le nom « aube » au vers 6.
4. ô fleuve mien ! : le poète s'adresse à la Loire, fleuve qui traverse l'Anjou.
5. nymphe : divinité mythologique féminine de la nature.
6. Angevin : d'Anjou (adjectif).
7. l'indique orient : le ciel à l'est.

CEUX QUI SONT AMOUREUX, LEURS
AMOURS CHANTERONT...

Ceux qui sont amoureux, leurs amours chanteront,
Ceux qui aiment l'honneur, chanteront de la gloire,
Ceux qui sont près du roi, publieront sa victoire,
4 Ceux qui sont courtisans[1], leurs faveurs vanteront,

Ceux qui aiment les arts, les sciences diront,
Ceux qui sont vertueux, pour tels se feront croire,
Ceux qui aiment le vin, deviseront[2] de boire,
8 Ceux qui sont de loisir, de fables écriront,

Ceux qui sont médisants, se plairont à médire,
Ceux qui sont moins fâcheux, diront des mots pour rire,
11 Ceux qui sont plus vaillants, vanteront leur valeur,

Ceux qui se plaisent trop, chanteront leur louange,
Ceux qui veulent flatter, feront d'un diable un ange :
14 Moi, qui suis malheureux, je plaindrai mon malheur.

(*Les Regrets*, 5)

---

1. courtisans: hommes de cour. Ils cherchent par la flatterie à soutirer des faveurs aux puissants.
2. deviseront: parleront, discuteront.

MAINTENANT JE PARDONNE À LA DOUCE FUREUR...

1 Maintenant je pardonne à la douce fureur[1]
  Qui m'a fait consumer le meilleur de mon âge,
  Sans tirer autre fruit de mon ingrat ouvrage
4 Que le vain passe-temps d'une si longue erreur.

  Maintenant je pardonne à ce plaisant labeur,
  Puisque seul il endort le souci qui m'outrage,
  Et puisque seul il fait qu'au milieu de l'orage,
8 Ainsi qu'auparavant, je ne tremble de peur.

  Si les vers ont été l'abus de ma jeunesse,
  Les vers seront aussi l'appui de ma vieillesse,
11 S'ils furent ma folie, ils seront ma raison,

  S'ils furent ma blessure, ils seront mon Achille[2],
  S'ils furent mon venin, le scorpion utile
14 Qui sera de mon mal la seule guérison.

(*Les Regrets*, 13)

---

1. fureur : passion.
2. Achille : guerrier grec de la mythologie. Son seul point vulnérable était le talon par lequel sa mère, Thétis, le retint quand elle le plongea, nouveau-né, dans les eaux de l'Enfer pour le rendre invincible.

HEUREUX QUI, COMME ULYSSE, A FAIT UN BEAU VOYAGE...

Heureux qui, comme Ulysse[1], a fait un beau voyage,
Ou comme celui-là qui conquit la toison[2],
Et puis est retourné, plein d'usage et raison[3],
4 Vivre entre ses parents le reste de son âge !

Quand reverrai-je, hélas, de mon petit village
Fumer la cheminée, et en quelle saison
Reverrai-je le clos[4] de ma pauvre maison,
8 Qui m'est une province, et beaucoup davantage ?

Plus me plaît le séjour qu'ont bâti mes aïeux,
Que des palais romains le front audacieux,
11 Plus que le marbre dur me plaît l'ardoise[5] fine,

Plus mon Loire gaulois, que le Tibre latin[6],
Plus mon petit Liré[7], que le mont Palatin[8],
14 Et plus que l'air marin la douceur angevine[8].

(*Les Regrets*, 31)

---

1. Ulysse : roi de l'île d'Ithaque. Il participe à l'expédition des Grecs contre la ville de Troie. Au retour de cette guerre dont il est un des principaux artisans, il fait face à mille difficultés racontées dans *L'Odyssée* d'Homère (IXe siècle av. J.-C.).
2. celui-là qui conquit la toison : dans la mythologie, Jason, chef des Argonautes, s'empare de la Toison d'or avec l'aide de Médée, la belle ensorceleuse.
3. plein d'usage et raison : plein d'expérience et de sagesse.
4. clos : jardin.
5. l'ardoise : en Anjou, les toits sont faits de tuiles d'ardoise.
6. Plus mon Loire gaulois, que le Tibre latin : l'Anjou, patrie de Du Bellay, est traversé par la Loire. Selon l'usage latin, le poète rend masculin le nom du fleuve. Il oppose ainsi le cours d'eau appartenant à la France (à la Gaule pendant l'Antiquité) au Tibre de la civilisation latine des Romains.
7. Liré : village natal de Du Bellay, en Anjou.
8. mont Palatin : une des sept collines de Rome.

SI LES LARMES SERVAIENT DE REMÈDE
AU MALHEUR...

Si les larmes servaient de remède au malheur,
Et le pleurer[1] pouvait la tristesse arrêter,
On devrait, Seigneur mien, les larmes acheter,
4   Et ne se trouverait rien si cher que le pleur.

Mais les pleurs en effet sont de nulle valeur,
Car soit qu'on ne se veuille en pleurant tourmenter,
Ou soit que nuit et jour on veuille lamenter[2],
8   On ne peut divertir le cours de la douleur.

Le cœur fait au cerveau cette humeur exhaler,
Et le cerveau la fait par les yeux dévaler,
11   Mais le mal par les yeux ne s'alambique pas[3].

De quoi donques[§] nous sert ce fâcheux larmoyer?
De jeter, comme on dit, l'huile sur le foyer,
14   Et perdre sans profit le repos et repas.

(*Les Regrets*, 52)

---

1. le pleurer: les pleurs. Pleurer est ici un substantif.
2. lamenter: se lamenter.
3. ne s'alambique pas: ne se transforme pas, ne passe pas entièrement.

VOUS DITES, COURTISANS : LES POÈTES SONT FOUS...

Vous dites, courtisans§ : les poètes sont fous,
Et dites vérité : mais aussi dire j'ose
Que tels que vous soyez, vous tenez quelque chose
De cette douce humeur qui est commune à tous.

Mais celle-là, messieurs, qui domine sur vous[1],
En autres actions diversement[2] s'expose :
Nous sommes fous en rime, et vous l'êtes en prose :
8 C'est le seul différent qu'est entre vous et nous.

Vrai est que vous avez le cœur favorable,
Mais aussi n'avez-vous un renom si durable ;
11 Vous avez plus d'honneurs, et nous moins de souci.

Si vous riez de nous, nous faisons la pareille :
Mais cela qui se dit s'envole par l'oreille,
14 Et cela qui s'écrit ne se perd pas ainsi.

(*Les Regrets*, 149)

Vous dites, courtisans : les poètes sont fous.
LE ROI ET LES ÉLITES FRANÇAISES.

---

1. qui domine sur vous : qui est prédominant en vous, qui est votre trait de caractère dominant.
2. En autres actions diversement : par d'autres actions différemment.

NOUVEAU VENU, QUI CHERCHES ROME EN ROME...

Nouveau venu, qui cherches Rome en Rome
Et rien de Rome en Rome n'aperçois,
Ces vieux palais, ces vieux arcs que tu vois,
4 Et ces vieux murs, c'est ce que Rome on nomme.

Vois quel orgueil, quelle ruine : et comme
Celle qui mit le monde sous ses lois,
Pour dompter tout, se dompta quelquefois,
8 Et devint proie au temps[1], qui tout consomme.

Rome de Rome est le seul monument,
Et Rome Rome a vaincu seulement[2].
11 Le Tibre seul, qui vers la mer s'enfuit,

Reste de Rome. Ô mondaine inconstance !
Ce qui est ferme, est par le temps détruit,
14 Et ce qui fuit, au temps fait résistance.

(*Les Antiquités de Rome*, 3)

---

1. proie au temps : la victime du temps.
2. Et Rome Rome a vaincu seulement : et Rome seule a vaincu Rome.

QUI A VU QUELQUEFOIS UN GRAND
CHÊNE ASSÉCHÉ...

Qui a vu quelquefois un grand chêne asséché,
Qui pour son ornement quelque trophée porte,
Lever encore au ciel sa vieille tête morte,
4 Dont le pied fermement n'est en terre fiché,

Mais qui dessus le champ plus qu'à demi penché
Montre ses bras tout nus et sa racine torte[1],
Et sans feuille ombrageux, de son poids se supporte
8 Sur un tronc nouailleux[2] en cent lieux ébranché:

Et bien qu'au premier vent il doive sa ruine,
Et maint jeune à l'entour[3] ait ferme la racine,
11 Du dévot populaire être seul révéré:

Qui tel chêne a pu voir, qu'il imagine encore
Comme entre les cités, qui plus florissent ore[4],
14 Ce vieil honneur poudreux[5] est le plus honoré.

(*Les Antiquités de Rome*, 28)

1. torte: tordue, tortueuse.
2. nouailleux: noueux.
3. Et maint jeune à l'entour: et plusieurs jeunes arbres autour du chêne.
4. ore: maintenant.
5. poudreux: poussiéreux.

D'UN VANNEUR¹ DE BLÉ AUX VENTS

À vous, troupe légère²,
Qui d'aile passagère
Par le monde volez,
Et d'un sifflant murmure
L'ombrageuse verdure
6 Doucement ébranlez,

J'offre ces violettes,
Ces lis et ces fleurettes,
Et ces roses ici,
Ces vermeillettes roses,
Tout fraîchement écloses,
12 Et ces œillets aussi.

De votre douce haleine
Éventez cette plaine,
Éventez ce séjour,
Cependant que j'ahanne³
À mon blé que je vanne⁴
18 À la chaleur du jour.

(*Divers jeux rustiques, Vœux rustiques*, 3)

---

1. vanneur : homme qui trie les grains de blé.
2. troupe légère : il s'agit de la troupe légère des vents auxquels s'adresse le poète.
3. j'ahanne : je me fatigue, je perds haleine à durement travailler, à peiner sur l'ouvrage.
4. je vanne : je secoue le blé dans un van, sorte de grand panier plat pour trier les grains et les séparer de la paille et des déchets.

LES

OEVVRES DE
P. DE RONSARD
GENTILHOMME
Vandomois.

REDIGEES EN SIX TOMES.

LE PREMIER,

Contenant ses Amours, diuisées en deux parties:

La premiere commentée par M. A. de Muret:
La seconde par R. Belleau.

A PARIS,

Chez Gabriel Buon au cloz Bruneau à
l'enseigne S. Claude.

1 5 7 2.

AVEC PRIVILEGE DV ROY.

PAGE DE TITRE DE L'ÉDITION ORIGINALE DES
ŒUVRES DE RONSARD.

MIGNONNE, ALLONS VOIR SI LA ROSE...

À Cassandre

Mignonne, allons voir si la rose
Qui ce matin avait déclose[1]
Sa robe de pourpre au soleil,
A point perdu cette vêprée[2]
Les plis de sa robe pourprée,
6 Et son teint au vôtre pareil.

Las![§] voyez comme en peu d'espace[3],
Mignonne, elle a dessus la place
Las! las ses beautés laissé choir[4]!
Ô vraiment marâtre[5] Nature,
Puisqu'une telle fleur ne dure
12 Que du matin jusques au soir!

Donc, si vous me croyez, mignonne,
Tandis que votre âge fleuronne[6]
En sa plus verte nouveauté,
Cueillez, cueillez votre jeunesse :
Comme à cette fleur la vieillesse
18 Fera ternir votre beauté.

(*Odes*, I, 17)

---

1. déclose : ouverte.
2. A point perdu cette vêprée : n'a pas perdu cette nuit.
3. peu d'espace : peu de temps.
4. laissé choir : laissé tomber.
5. marâtre : méchante. Au sens propre, la marâtre remplace la mère défunte au sein d'une famille.
6. fleuronne : bourgeonne, devient une fleur.

J'AI L'ESPRIT TOUT ENNUYÉ...

J'ai l'esprit tout ennuyé
D'avoir trop étudié
Les *Phénomènes* d'Arate[1] ;
4 Il est temps que je m'ébatte
Et que j'aille aux champs jouer.
Bons Dieux ! qui voudrait louer
Ceux qui, collés sur un livre,
8 N'ont jamais souci de vivre ?

Que nous sert l'étudier,
Sinon de nous ennuyer ?
Et soin dessus soin[2] accroître
12 À nous, qui serons peut-être
Ou ce matin, ou ce soir
Victime de l'Orque[3] noir ?
De l'Orque qui ne pardonne,
16 Tant il est fier, à personne.

Corydon[4], marche devant ;
Sache où le bon vin se vend ;
Fais rafraîchir la bouteille,
20 Cherche une feuilleuse treille
Et des fleurs pour me coucher.
Ne m'achète point de chair,
Car, tant soit-elle friande,
24 L'été je hais la viande ;

---

1. Arate : astronome et poète de l'Antiquité grecque (ɪᴠᵉ siècle av. J.-C.). À la Renaissance, son ouvrage intitulé *Phénomènes* fait autorité et sert à l'enseignement de l'astronomie.
2. soin : souci.
3. Orque : en latin, Orcus, dieu des Enfers chez les Romains.
4. Corydon : nom d'un serviteur dans les *Bucoliques* de Virgile, ensuite utilisé en littérature pour désigner un valet.

Achète des abricots,
Des pompons[1], des artichauts,
Des fraises et de la crème
28 C'est en été ce que j'aime,
Quand, sur le bord d'un ruisseau,
Je les mange au bruit de l'eau,
Étendu sur le rivage
32 Ou dans un antre sauvage.

Ores[§] que je suis dispos,
Je veux rire sans repos,
De peur que la maladie
36 Un de ces jours ne me die[2],
Me happant à l'impourvu[3] :
« Meurs, galant[4], c'est trop vécu ! »

(*Odes*, II, 18)

---

1. pompons : melons.
2. die : dise.
3. à l'impourvu : à l'improviste, par surprise.
4. galant : homme qui s'adonne aux plaisirs, viveur, noceur.

PRENDS CETTE ROSE AIMABLE COMME TOI...

Prends cette rose aimable comme toi,
Qui sers de rose aux roses les plus belles,
Qui sers de fleur aux fleurs les plus nouvelles,
4 Dont la senteur me ravit tout de moi[1].

Prends cette rose, et ensemble reçois
Dedans ton sein mon cœur qui n'a point d'ailes :
Il est constant, et cent plaies cruelles
8 N'ont empêché qu'il ne gardât sa foi.

La rose et moi différons d'une chose :
Un soleil voit naître et mourir la rose,
11 Mille Soleils ont vu naître m'amour[2],

Dont l'action jamais ne se repose.
Que plût à Dieu que telle amour enclose[3],
14 Comme une fleur, ne m'eût duré qu'un jour.

(*Les Amours, Amours de Cassandre*, I, 96)

---

1. tout de moi : entièrement.
2. m'amour : mon amour.
3. que telle amour enclose : qu'un tel amour enfermé, secret (« amour » est féminin à la Renaissance).

Prends cette rose, et ensemble reçois
Dedans ton sein mon cœur qui n'a point d'ailes

Vers 5 et 6.

GRAVURE DE CASSANDRE SALVIATI.

LE VINGTIÈME D'AVRIL, COUCHÉ SUR L'HERBELETTE...

Le vingtième d'avril, couché sur l'herbelette,
Je vis, ce me semblait, en dormant, un chevreuil,
Qui çà, qui là, marchait où le menait son vueil[1],
4 Foulant les belles fleurs de mainte gambelette[2].

Une corne et une autre encore nouvelette
Enflait son petit front d'un gracieux orgueil ;
Comme un Soleil luisait la rondeur de son œil,
8 Et un carcan[3] pendait sous sa gorge douillette.

Si tôt que je le vis, je voulus courre après[4],
Et lui qui m'avisa prit sa course ès[5] forêts,
11 Où se moquant de moi, ne me voulut attendre.

Mais en suivant son trac[6], je ne m'avisai pas
D'un piège entre les fleurs, qui me lia le pas :
14 Ainsi pour prendre autrui moi-même me fis prendre.

(*Les Amours, Amours de Marie*, I, 4)

---

1. son vueil : son bon vouloir, son désir.
2. de mainte gambelette : en plusieurs petites enjambées.
3. carcan : collier de fourrure.
4. courre après : courir après lui, me lancer à sa poursuite.
5. ès : dans les.
6. son trac : sa trace.

MARIE, QUI VOUDRAIT VOTRE
NOM RETOURNER...

Marie, qui voudrait votre nom retourner,
Il trouverait aimer : aimez-moi donc, Marie,
Votre nom de nature à l'amour vous convie :
4 À qui trahit Nature il ne faut pardonner.

S'il vous plaît votre cœur pour gage me donner,
Je vous offre le mien : ainsi de cette vie,
Nous prendrons les plaisirs, et jamais autre envie
8 Ne me pourra l'esprit d'une autre emprisonner.

Il faut aimer, maîtresse, au monde quelque chose :
Celui qui n'aime point, malheureux se propose
11 Une vie d'un Scythe[1], et ses jours veut passer

Sans goûter la douceur, des douceurs la meilleure.
Rien n'est doux sans Vénus[§] et sans son fils : à l'heure
14 Que je n'aimerai plus, puissé-je trépasser !

(*Les Amours, Amours de Marie*, I, 9)

---

1. Scythe : peuple du pays du nord de la mer Noire, aujourd'hui l'Ukraine. Les Scythes étaient réputés pour leur sauvagerie et leur cruauté.

MARIE, LEVEZ-VOUS, MA JEUNE PARESSEUSE...

Marie, levez-vous, ma jeune paresseuse :
Jà[§] la gaie alouette au ciel a fredonné,
Et jà le rossignol doucement jargonné,
4 Dessus l'épine assis, sa complainte amoureuse.

Sus ![1] debout ! allons voir l'herbelette perleuse[2],
Et votre beau rosier de boutons couronné,
Et vos œillets mignons auxquels aviez donné,
8 Hier au soir de l'eau, d'une main si soigneuse.

Harsoir[3] en vous couchant vous jurâtes vos yeux
D'être plus tôt que moi ce matin éveillée :
11 Mais le dormir de l'Aube, aux filles gracieux,

Vous tient d'un doux sommeil encor[§] les yeux sillée[4].
Çà ! çà ![5] que je les baise et votre beau tétin,
14 Cent fois, pour vous apprendre à vous lever matin.

(*Les Amours, Amours de Marie*, I, 19)

---

1. Sus ! : Allez !
2. l'herbelette perleuse : l'herbe couverte de rosée.
3. Harsoir : hier soir.
4. sillée : fermée, aveuglée.
5. Çà ! çà ! : Allez ! allez !

COMME ON VOIT SUR LA BRANCHE AU
MOIS DE MAI LA ROSE…

Comme on voit sur la branche au mois de mai la rose,
En sa belle jeunesse, en sa première fleur,
Rendre le ciel jaloux de sa vive couleur,
4 Quand l'Aube de ses pleurs au point du jour l'arrose ;

La grâce dans sa feuille, et l'amour se repose,
Embaumant les jardins et les arbres d'odeur ;
Mais battue ou de pluie, ou d'excessive ardeur,
8 Languissante elle meurt, feuille à feuille déclose[§].

Ainsi en ta première et jeune nouveauté,
Quand la Terre et le Ciel honoraient ta beauté,
11 La Parque[1] t'a tuée, et cendre tu reposes.

Pour obsèques reçois mes larmes et mes pleurs,
Ce vase plein de lait, ce panier plein de fleurs[2],
14 Afin que vif et mort ton corps ne soit que roses.

(Les Amours, Amours de Marie, II, 4)

---

1. La Parque : déesse du destin et de la mort. On la représente généralement par trois sœurs qui coupent les fils de la vie.
2. plein de lait, […] de fleurs : le lait et les fleurs étaient des offrandes coutumières des rites funéraires romains.

L'AUTRE JOUR QUE J'ÉTAIS SUR LE HAUT D'UN DEGRÉ...

L'autre jour que j'étais sur le haut d'un degré[1],
Passant, tu m'avisas[2], et me tournant la vue[3],
Tu m'éblouis les yeux, tant j'avais l'âme émue
4 De me voir en sursaut[4] de tes yeux rencontré.

Ton regard dans le cœur, dans le sang m'est entré
Comme un éclat de foudre alors qu'il fend la nue :
J'eus de froid et de chaud la fièvre continue,
8 D'un si poignant regard mortellement outré[5].

Et si ta belle main passant ne m'eût fait signe,
Main blanche, qui se vante être fille d'un cygne,
11 Je fusse mort, Hélène, aux rayons de tes yeux ;

Mais ton signe retint l'âme presque ravie,
Ton œil se contenta d'être victorieux,
14 Ta main se réjouit de me donner la vie.

(Les Amours, Sonnets pour Hélène, I, 9)

---

1. degré : escalier.
2. m'avisas : m'aperçus.
3. tournant la vue : jetant un coup d'œil.
4. en sursaut : soudainement.
5. outré : atteint.

Te regardant assise auprès de ta cousine...

Te regardant assise auprès de ta cousine,
Belle comme une aurore, et toi comme un soleil,
Je pensai voir deux fleurs d'un même teint pareil,
4 Croissantes en beauté, l'une à l'autre voisine.

La chaste, sainte, belle et unique Angevine§,
Vite comme un éclair sur moi jeta son œil.
Toi, comme paresseuse et pleine de sommeil,
8 D'un seul petit regard tu ne m'estimas digne.

Tu t'entretenais seule au visage abaissé,
Pensive toute à toi, n'aimant rien que toi-même,
11 Dédaignant un chacun d'un sourcil ramassé.

Comme une qui ne veut qu'on la cherche ou qu'on l'aime.
J'eus peur de ton silence et m'en allai tout blême,
14 Craignant que mon salut n'eût ton œil offensé.

(Les Amours, Sonnets pour Hélène, I, 16)

QUAND VOUS SEREZ BIEN VIEILLE,
AU SOIR, À LA CHANDELLE...

Quand vous serez bien vieille, au soir, à la chandelle,
Assise auprès du feu, dévidant[1] et filant,
Direz, chantant mes vers, en vous émerveillant:
4 « Ronsard me célébrait du temps que j'étais belle. »

Lors[§], vous n'aurez servante oyant[2] telle nouvelle,
Déjà sous le labeur à demi sommeillant[3],
Qui au bruit de Ronsard ne s'aille réveillant[4],
8 Bénissant[5] votre nom de louange immortelle.

Je serai sous la terre et fantôme sans os:
Par les ombres myrteux[6] je prendrai mon repos:
11 Vous serez au foyer une vieille accroupie,

Regrettant mon amour et votre fier dédain.
Vivez, si m'en croyez, n'attendez à demain:
14 Cueillez dès aujourd'hui les roses de la vie.

(*Les Amours, Sonnets pour Hélène*, II, 43)

---

1. dévidant: en débobinant le fil pour le placer en écheveau.
2. n'aurez servante oyant: n'aurez plus votre servante pour entendre.
3. sous le labeur à demi sommeillant: la servante s'endort sur le travail de la laine.
4. au bruit de Ronsard ne s'aille réveillant: la servante ne se réveille pas en entendant le nom de Ronsard.
5. Bénissant: c'est Ronsard qui bénit le nom d'Hélène, évoquée ici dans la peau d'une vieille femme dont la servante se serait endormie.
6. ombres myrteux: les Romains faisaient pousser des arbres de myrte dans les cimetières. Les ombres myrteux font allusion à la fois aux morts et au sombre séjour des Enfers.

JE N'AI PLUS QUE LES OS, UN SQUELETTE
JE SEMBLE...

Je n'ai plus que les os, un squelette je semble,
Décharné, dénervé, démusclé, dépoulpé[1],
Que le trait de la mort sans pardon a frappé,
4 Je n'ose voir mes bras que de peur je ne tremble.

Apollon[§] et son fils[2] deux grands maîtres ensemble,
Ne me sauraient guérir, leur métier m'a trompé,
Adieu plaisant soleil, mon œil est étoupé[3],
8 Mon corps s'en va descendre où tout se désassemble.

Quel ami me voyant en ce point dépouillé
Ne remporte au logis un œil triste et mouillé,
11 Me consolant au lit et me baisant la face,

En essuyant mes yeux par la mort endormis?
Adieu chers compagnons, adieu mes chers amis,
14 Je m'en vais le premier vous préparer la place.

(*Derniers vers*, sonnets, 1)

---

1. dépoulpé: dont on a retiré la moelle.
2. son fils: Apollon transmit ses dons de guérisseur à son fils Asclépios ou Esculape, dieu des médecins.
3. étoupé: bouché.

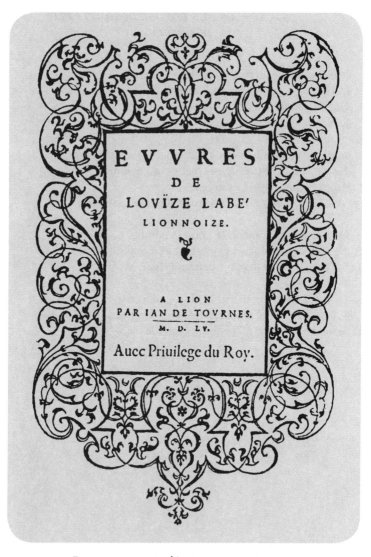

PAGE DE TITRE DE L'ÉDITION ORIGINALE DES
Œuvres DE LOUISE LABÉ.

Depuis qu'Amour cruel empoisonna…

Depuis qu'Amour cruel empoisonna
Premièrement de son feu ma poitrine,
Toujours brûlai de sa fureur divine,
4 Qui un seul jour mon cœur n'abandonna.

Quelque travail, dont assez me donna,
Quelque menace et prochaine ruine,
Quelque penser de mort qui tout termine,
8 De rien mon cœur ardent ne s'étonna.

Tant plus qu'Amour nous vient fort assaillir,
Plus il nous fait nos forces recueillir,
11 Et toujours frais en ses combats fait être ;

Mais ce n'est pas qu'en rien[1] nous favorise,
Cil qui les Dieux et les hommes méprise[2],
14 Mais pour plus fort contre les forts paraître.

(Sonnets, 4*)*

---

1. qu'en rien : en vain que.
2. Cil qui les Dieux et les hommes méprise : celui (Amour) qui méprise les dieux et les hommes.

ON VOIT MOURIR TOUTE CHOSE ANIMÉE…

On voit mourir toute chose animée,
Lorsque du corps l'âme subtile part.
Je suis le corps, toi la meilleure part :
4 Où es-tu donc, ô âme bien-aimée ?

Ne me laissez par[1] si longtemps pâmée[2],
Pour me sauver après viendrais[3] trop tard.
Las ![§] ne mets point ton corps en ce hasard :
8 Rends-lui sa part et moitié estimée.

Mais fais, Ami[§], que ne soit dangereuse
Cette rencontre et revue amoureuse,
11 L'accompagnant, non de sévérité,

Non de rigueur, mais de grâce amiable[4],
Qui doucement me rende ta beauté,
14 Jadis cruelle, à présent favorable.

(Sonnets, 7)

---

1. par : pour.
2. pâmée : abandonnée, délaissée.
3. après viendrais : tu me reviendrais.
4. amiable : conciliante, douce.

Je vis, je meurs ; je me brûle et me noie...

Je vis, je meurs ; je me brûle et me noie ;
J'ai chaud extrême en endurant froidure :
La vie m'est et trop molle et trop dure.
4 J'ai grands ennuis[1] entremêlés de joie.

Tout à un coup je ris et je larmoie,
Et en plaisir maint grief[2] tourment j'endure ;
Mon bien s'en va, et à jamais il dure ;
8 Tout en un coup je sèche et je verdoie.

Ainsi Amour inconstamment me mène ;
Et, quand je pense avoir plus de douleur,
11 Sans y penser je me trouve hors de peine.

Puis, quand je crois ma joie être certaine,
Et être au haut de mon désiré heur[3],
14 Il me remet en mon premier malheur.

(*Sonnets*, 8)

---

1. ennuis : malheurs.
2. grief : grave.
3. heur : sentiment, état.

TOUT AUSSITÔT QUE JE COMMENCE À PRENDRE...

Tout aussitôt que je commence à prendre
Dans le mol lit le repos désiré,
Mon triste esprit, hors de moi retiré,
4 S'en va vers toi incontinent[1] se rendre.

Lors[§] m'est avis que dedans mon sein tendre
Je tiens le bien où j'ai tant aspiré,
Et pour lequel j'ai si haut soupiré
8 Que de sanglots ai souvent cuidé[§] fendre.

Ô doux sommeil, ô nuit à moi heureuse !
Plaisant repos, plein de tranquillité,
11 Continuez toutes les nuits mon songe ;

Et si jamais ma pauvre âme amoureuse
Ne doit avoir de bien en vérité,
14 Faites au moins qu'elle en ait en mensonge.

(Sonnets, 9)

---

1. incontinent : aussitôt.

OH! SI J'ÉTAIS EN CE BEAU SEIN RAVIE...

Oh! si j'étais en ce beau sein ravie[1]
De celui-là pour lequel vais mourant;
Si avec lui vive le demeurant
4 De mes courts jours ne m'empêchait envie;

Si m'accolant, me disait[2]: «Chère amie[§],
Contentons-nous l'un l'autre», s'assurant
Que jà[3] tempête, Euripe[4], ni courant
8 Ne nous pourra déjoindre en notre vie;

Si, de mes bras le tenant accolé,
Comme du lierre est l'arbre encercelé[5],
11 La mort venait, de mon aise envieuse[6],

Lorsque souef plus[7] il me baiserait,
Et mon esprit sur ses lèvres fuirait,
14 Bien je mourrais, plus que vivante, heureuse.

(*Sonnets*, 13)

---

1. si j'étais en ce beau sein ravie: si j'étais dans ces beaux bras d'homme, heureuse.
2. Si m'accolant, me disait: si, me serrant dans ses bras, il me disait.
3. jà: ici, jamais.
4. Euripe: détroit de Grèce aux eaux troublées par des courants changeants et tumultueux.
5. encercelé: encerclé, entouré.
6. de mon aise envieuse: envieuse de mon bonheur.
7. souef plus: plus doucement.

BAISE M'ENCOR, REBAISE-MOI ET BAISE...

Baise m'encor[1], rebaise-moi et baise ;
Donne m'en un de tes plus savoureux,
Donne m'en un de tes plus amoureux :
4   Je t'en rendrai quatre plus chauds que braise.

Las !§ te plains-tu ? Çà[2], que ce mal j'apaise,
En t'en donnant dix autres doucereux.
Ainsi, mêlant nos baisers tant heureux,
8   Jouissons-nous l'un de l'autre à notre aise.

Lors§ double vie à chacun en suivra.
Chacun en soi et son ami§ vivra.
11   Permets m'Amour§ penser quelque folie :

Toujours suis mal, vivant discrètement,
Et ne me puis donner contentement
14   Si hors de moi ne fais quelque saillie[3].

(*Sonnets*, 18)

---

1. m'encor : contraction autorisée de « moi encore ».
2. Çà : alors.
3. saillie : geste spontané, caprice. Ici, le baiser.

Prédit me fut que devait fermement...

Prédit me fut que devait fermement
Un jour aimer celui dont la figure
Me fut décrite ; et sans autre peinture
4 Le reconnus quand vis premièrement[1].

Puis le voyant aimer fatalement,
Pitié je pris de sa triste aventure,
Et tellement je forçai ma nature,
8 Qu'autant que lui aimai ardentement[2].

Qui n'eût pensé qu'en faveur devait croître
Ce que le Ciel et destins firent naître ?
11 Mais quand je vois si nubileux[3] apprêts,

Vents si cruels et tant horrible orage,
Je crois qu'étaient les infernaux arrêts
14 Qui de si loin m'ourdissaient[4] ce naufrage.

(*Sonnets*, 20)

---

1. quand vis premièrement : la première fois que je le vis.
2. aimai ardentement : j'aimai ardemment.
3. nubileux : nébuleux, compliqués.
4. m'ourdissaient : me préparaient.

NE REPRENEZ, DAMES, SI J'AI AIMÉ…

Ne reprenez[1], Dames, si j'ai aimé,
Si j'ai senti mille torches ardentes,
Mille travaux, mille douleurs mordantes,
4 Si en pleurant j'ai mon temps consumé,

Las![§] que mon nom n'en soit par vous blâmé.
Si j'ai failli[2], les peines sont présentes.
N'aigrissez point leurs pointes violentes;
8 Mais estimez qu'Amour, à point nommé,

Sans votre ardeur d'un Vulcain[3] excuser,
Sans la beauté d'Adonis[4] accuser,
11 Pourra, s'il veut, plus vous rendre amoureuses

En ayant moins que moi d'occasion,
Et plus d'étrange et forte passion.
14 Et gardez-vous d'être plus malheureuses.

(*Sonnets*, 24)

---

1. Ne reprenez : ne me reprochez pas.
2. Si j'ai failli : si j'ai commis une faute.
3. Vulcain : chez les Romains, dieu du feu.
4. Adonis : chez les Grecs, jeune homme d'une grande beauté, aimé de Vénus.

LA BELLE FERRONNIÈRE.

TABLEAU DE LÉONARD DE VINCI.

PAGE DE TITRE DE L'ÉDITION ORIGINALE DES *ESSAIS*
DE MONTAIGNE.

ESSAIS

QU'EST-CE QUE L'AMITIÉ ?

Au demeurant, ce que nous appelons le plus souvent amis et amitiés, ce ne sont que des relations et des familiarités nouées par hasard ou par intérêt, par le moyen desquelles nos âmes s'entretiennent. Or, dans l'amitié dont je parle, les âmes se mêlent et se confondent l'une
5 l'autre dans un mélange si parfait qu'elles effacent et ne retrouvent plus la couture qui les a jointes. Si on me presse de dire pourquoi j'aimais mon ami La Boétie[1], je sens que cela ne peut s'exprimer qu'en répondant : « Parce que c'était lui, parce que c'était moi. »

Il y a, au-delà de mon propos et de ce que je puis en dire particuliè-
10 rement, je ne sais quelle force inexplicable et marquée par le destin, qui a servi d'intermédiaire à cette union. Nous nous cherchions avant même de nous être vus et, par des rapports que nous entendions l'un de l'autre — qui faisaient plus d'effets sur notre affection que ne le supposerait raisonnablement le bien-fondé de tels rapports —, par quelque
15 volonté du ciel, je crois, nous nous embrassions par nos noms. Et à notre première rencontre, qui eut lieu, par hasard, pendant une grande fête et assemblée à Bordeaux, nous nous découvrîmes si épris, si connus et si liés, que plus rien dès lors ne nous fut si proche que l'un et l'autre. Il écrivit une excellente satire latine, aujourd'hui publiée[2], dans laquelle
20 il excuse et explique la précipitation de notre relation, si promptement parvenue à sa perfection. Ayant à durer si peu et ayant commencé si tard (car nous étions tous deux hommes faits : lui âgé de quelques années de plus que moi[3]), elle n'avait point de temps à perdre et point à se régler sur le modèle des amitiés faciles et ordinaires, auxquelles il faut bien des
25 précautions et de longues et préalables conversations. Celle-ci n'a point d'autre modèle qu'elle-même et elle ne peut se rapporter qu'à soi. L'estime entre nous n'est pas née d'un motif en particulier, ni de deux,

---

1. La Boétie : Étienne de La Boétie (1530-1563), juge réputé du parlement de Bordeaux, était aussi poète.
2. aujourd'hui publiée : en 1571, par les soins de Montaigne, bien après la mort de La Boétie.
3. Lors de leur première rencontre, en 1557, La Boétie avait 28 ans et Montaigne, 25.

trois, quatre ou mille. C'est je ne sais quelle quintessence de leur mélange qui, ayant saisi toute ma volonté, l'amena à se plonger et à se perdre
30 dans la sienne, qui, ayant saisi toute sa volonté, l'amena à se plonger et à se perdre dans la mienne, ressentant tous deux une soif et une émula- tion identiques. Je dis vraiment perdre, puisque nous ne nous ména- gions rien qui nous fût propre, ni qui fût ou sien ou mien. […]

Qu'on ne me mette pas sur le même pied les autres amitiés com-
35 munes : j'en ai autant de connaissance qu'un autre, et des plus par- faites en leur genre, mais je ne conseille pas qu'on confonde leurs règles : on s'y tromperait. Il faut marcher dans ces autres amitiés la bride à la main, avec prudence et précaution, la liaison étant nouée de manière à ce qu'on ait toujours à s'en défier. « Aimez-le, disait
40 Chilon[1], comme si vous aviez un jour à le haïr : haïssez-le, comme si vous aviez à l'aimer. » Ce précepte, qui est si abominable dans une souveraine et maîtresse amitié, est salutaire dans l'usage des amitiés ordinaires et coutumières, au sujet desquelles il faut employer le mot qu'Aristote avait très familier : « Ô mes amis, il n'y a nul ami ! »[2]

45 En ce noble commerce, les échanges et les bienfaits, nourriciers des autres amitiés, ne méritent pas d'être le moindrement pris en compte : la fusion si parfaite de nos volontés en est cause. Car, puisque l'amitié que je me porte ne s'améliore point grâce au secours que je me donne dans le besoin, quoi qu'en disent les stoïciens[3], et comme je ne me
50 reconnais aucun plaisir à me servir moi-même, de façon semblable, l'union de tels amis étant réellement parfaite, elle leur fait perdre le sentiment de tels devoirs, et haïr et chasser d'entre eux ces mots de division et de différence, de bienfait, d'obligation, de reconnaissance, de prière, de remerciements, et leurs pareils. Tout étant vraiment mis en
55 commun entre eux — volontés, réflexions, jugements, biens, femmes, enfants, honneur et vie — , et ce qui leur convient ne provenant que d'une âme en deux corps, selon la très juste définition d'Aristote, ils ne peuvent ni se prêter ni se donner rien. Voilà pourquoi les faiseurs de

---

1. Chilon : un des Sept Sages de la Grèce antique (vi^e siècle av. J.-C.), il était magistrat à Sparte et mourut de joie en voyant son fils couronné aux Jeux olympiques. Aulu-Gelle aurait recueilli ses paroles.

2. Diogène Laërce, *Vie d'Aristote*, v, 16.

3. les stoïciens : philosophes grecs, puis romains, partisans du stoïcisme, école de pensée qui prescrit de réfréner tout débordement affectif et de mépriser la richesse, la gloire et les honneurs.

lois, pour honorer le mariage de quelque imaginaire ressemblance de
60 cette divine liaison, défendent les donations entre le mari et la femme.
Ils supposent par là que tout doit être à chacun d'eux et qu'ils n'ont rien
à se disputer et à s'enlever l'un à l'autre. Si, dans l'amitié dont je parle,
l'un pouvait donner à l'autre, ce serait celui qui recevrait le bienfait qui
obligerait son compagnon. Car cherchant l'un et l'autre, plus que toute
65 autre chose, à se faire du bien, celui qui en prête la matière et l'occasion
est bien celui qui se fait généreux, donnant le plaisir à son ami
d'effectuer à son endroit ce qu'il désire le plus. Quand le philosophe
Diogène[1] manquait d'argent, il disait qu'il le redemandait à ses amis,
non qu'il le demandait. Et pour montrer comment cela se pratique
70 dans les faits, j'en raconterai un exemple ancien et singulier.

Eudamidas Corinthien avait deux amis : Charixenus Sycionien et
Aretheus Corinthien. Venant à mourir et étant pauvre, il fit ainsi son
testament à ses deux riches amis : « Je lègue à Aretheus de nourrir ma
mère et de subvenir à ses besoins pendant sa vieillesse ; à Charixenus, de
75 marier ma fille et de lui donner la plus généreuse dot qu'il pourra. Et au
cas que l'un d'eux vienne à mourir, je substitue sa part à celui qui survivra. Ceux qui les premiers virent ce testament s'en moquèrent, mais ses
héritiers, en ayant été avertis, l'acceptèrent avec une singulière satisfaction. Et l'un d'eux, Charixenus, étant trépassé cinq jours après, la substi-
80 tution étant ouverte en faveur d'Aretheus, ce dernier, étonnamment,
nourrit la mère, et de cinq talents[2] qu'il avait en ses biens, il en donna
deux et demi en mariage à sa fille unique et deux et demi pour le mariage
de la fille d'Eudamidas, desquelles il fit les noces le jour même[3]. [...]

Le propos de cette histoire convient très bien à ce que je disais, car
85 Eudamidas donne comme une grâce et une faveur à ses amis de
les employer selon ses besoins. Il les laisse héritiers de sa propre
générosité qui consiste à leur mettre en main les moyens de lui rendre
service. Et sans doute la force de l'amitié se révèle bien plus précieuse

---

1. Diogène : philosophe grec (413-327 av. J.-C.), surnommé le Cynique, qui valorisait une vie simple
et rangée, et l'expression de sentiments sincères qu'il opposait aux conventions des relations
superficielles en société.

2. cinq talents : le talent est une unité monétaire en vigueur dans l'Antiquité. Un talent équivaut
aujourd'hui à un peu plus d'un demi-million de dollars canadiens actuels. Cinq talents vaudraient
donc environ trois millions de dollars.

3. Xénophon raconte cette anecdote dans *Cyropédie*, VIII, 3.

de cette façon que dans le cas d'Aretheus. En somme, ce sont des plai-
90 sirs inimaginables à qui ne les a jamais goûtés et qui me font parfaitement respecter la réponse d'un jeune soldat à qui Cyrus demandait
combien il voudrait pour vendre un cheval grâce auquel il réussirait à
remporter une course, et s'il l'échangerait pour un royaume :
«Absolument pas, sire ! Au contraire, je vous le laisserais bien volon-
95 tiers pour acquérir de cette façon un ami, si je trouvais ici un homme
digne d'une telle alliance[1].»

Je considère qu'il ne disait pas une fausseté. Car on trouve facile-
ment des hommes propres à nouer des relations superficielles, mais
dans une véritable amitié, on investit le fin fond de son courage, n'en
100 négligeant rien, car on a besoin que tous ses ressorts soient nets et
parfaitement sûrs.

Dans les associations qui ne tiennent que par un bout, on ne prend
en compte que les imperfections qui intéressent particulièrement ce
bout-là. Peu importe de quelle religion peuvent être mon médecin
105 et mon avocat. Cette considération n'a rien de commun avec les services de l'amitié qu'ils me doivent. Dans les relations domestiques
que j'entretiens avec ceux qui me servent, je fais de même. À propos
d'un laquais, je demande peu qu'il soit chaste ; je cherche à savoir s'il
est consciencieux dans son travail. Et je ne crains pas tant un muletier
110 joueur qu'imbécile ni un cuisinier jureur qu'ignorant. Je ne m'occupe pas de dire ce qu'il faut faire dans le monde — d'autres s'en
occupent suffisamment —, mais de ce que j'y fais.

Pour moi, c'est ainsi que j'en use ; vous, faites comme
vous jugerez bon[2].

115   Aux relations familières de la table, j'associe l'agréable, non le
sérieux ; au lit, je considère la beauté avant la bonté ; dans la conversation, j'exige la compétence, même sans la vertu. Pareillement ailleurs.

Tout comme celui qui fut trouvé à cheval sur un bâton en train de
s'amuser avec ses enfants, pria l'homme qui l'y surprit de n'en rien
120 dire jusqu'à ce qu'il fût père lui-même, estimant que le sentiment qui
lui naîtrait alors dans l'âme le rendrait juge équitable d'une telle

---

1. Le philosophe Lucien raconte cette histoire dans *Toxaris*, XXII.
2. Térence, *Le Bourreau de soi-même*, I, 1.

action[1], je souhaiterais moi aussi parler à des gens qui auraient expérimenté ce que je dis. Mais, sachant combien cette attitude est chose rare et fort éloignée de l'usage commun, je ne m'attends pas à
125 trouver sur ce point quelque bon juge. [...]

L'ancien Ménandre[2] considérait heureux celui qui avait pu rencontrer l'ombre seule d'un ami. Il avait certes raison de le dire, surtout qu'il en avait fait l'expérience. Car, vraiment, si je compare tout le reste de ma vie — quoique, avec la grâce de Dieu, je l'aie passée
130 douce, aisée et, sauf la perte d'un tel ami, exempte d'affliction pesante, pleine de tranquillité d'esprit, m'étant contenté de mes qualités naturelles et originelles, sans en rechercher d'autres — , si je la compare, dis-je, toute aux quatre années qu'il m'a été donné de jouir de la douce compagnie et société de La Boétie, ce n'est que fumée, ce n'est
135 qu'une nuit obscure et ennuyeuse. Depuis le jour que je le perdis,

> *Jour qui me sera toujours amer,*
> *Que toujours j'honorerai,*
> *Puisque telle est la volonté des dieux*[3],

je ne fais que traîner, languissant ; et les plaisirs même qui s'offrent à
140 moi, au lieu de me consoler, redoublent pour moi le regret de sa perte. Nous étions de moitié en tout : il me semble que je lui dérobe sa part,

> *Et j'ai décidé de me refuser à jamais tout plaisir,*
> *Du moment que j'ai perdu celui qui partageait ma vie*[4].

J'étais déjà si fait et accoutumé à être deuxième partout, qu'il me
145 semble n'être plus qu'à demi.

> *Un coup du sort ayant trop tôt emporté*
> *Cette partie de mon âme, que fais-je ici,*
> *Moi, son autre moitié, moi, qui ne m'aime plus*
> *Et ne me survis pas totalement ?*
150 > *Ce jour-là entraîne notre perte à tous deux*[5].

---

1. Anecdote racontée par Plutarque dans *Agésilas*, IX.
2. Ménandre : né et mort à Athènes (342-292 av. J.-C.), le poète comique Ménandre est l'auteur de 108 comédies, dont ne subsistent aujourd'hui que des fragments.
3. Horace, *Satires*, I, 5, 44.
4. Térence, *Le Bourreau de soi-même*, I, 1, 97.
5. Horace, *Odes*, II, 17, 5.

Il n'existe aucune action ou imagination où je ne le regrette, comme il l'eût fait, et encore mieux, en mon absence. Car tout comme il me surpassait d'une distance infinie en toute autre capacité et vertu, ainsi agissait-il dans le devoir de l'amitié.

(« De l'amitié », I, 28)

Parce que c'était lui, parce que c'était moi.

Ligne 8.

MAISON D'ÉTIENNE DE LA BOÉTIE À SARLAT.

LES CANNIBALES SONT-ILS DES BARBARES ?

Les cannibales font leurs guerres contre les nations qui sont au-delà de leurs montagnes, plus avant dans les terres, guerres où ils vont tous nus, n'ayant pour armes que des arcs ou des épées de bois, aiguisées à un bout, comme le sont les pointes de nos lances. C'est
5   une chose étonnante que la dureté de leurs combats, qui ne finissent jamais que par des massacres et des effusions de sang, car ils ne savent pas ce que sont les déroutes et l'effroi. Chacun rapporte pour son trophée la tête de l'ennemi qu'il a tué et l'attache à l'entrée de son logis. Après avoir longtemps bien traité leurs prisonniers,
10 avec toutes les attentions dont ils peuvent s'aviser, celui qui en est le maître fait une grande assemblée de ses connaissances. Il attache une corde à l'un des bras du prisonnier, par le bout de laquelle il le tient éloigné de quelques pas de peur d'en être attaqué, et donne au plus cher de ses amis l'autre bras à tenir de la même façon. Et eux
15 deux, en présence de toute l'assemblée, tuent le prisonnier à coups d'épée. Cela fait, ils le rôtissent et le mangent en commun, en envoyant des morceaux à ceux de leurs amis qui sont absents. Ce n'est pas, comme on pense, pour s'en nourrir, comme le faisaient autrefois les Scythes[s], c'est pour accomplir une vengeance extrême.
20 C'est pourquoi, s'étant aperçu que les Portugais, qui s'étaient alliés à leurs adversaires, usaient d'une autre sorte de mort contre eux quand ils les capturaient, laquelle était de les enterrer jusqu'à la ceinture et de tirer sur le reste du corps plusieurs flèches, et après de les pendre, ils pensèrent que ces étrangers venus d'ailleurs (ceux
25 mêmes qui avaient semé la connaissance de beaucoup de vices dans leur voisinage et qui étaient bien plus grands maîtres qu'eux en toute sorte de cruauté) ne prenaient pas sans raison cette sorte de vengeance et qu'elle devait être plus féroce que la leur, aussi commencèrent-ils à délaisser leur ancienne méthode pour suivre celle-ci.
30 ci. Je ne suis pas fâché que nous remarquions l'horreur barbare qu'il y a dans une telle action, mais je le suis vraiment de ce que, jugeant bien de leurs fautes, nous soyons si aveugles des nôtres. Je pense qu'il y a plus de barbarie à manger un homme vivant qu'à le manger mort, à déchirer par des supplices et tortures un corps encore

35 parfaitement sensible, à le faire rôtir peu à peu, à le faire mordre et
mettre à mort par des chiens et des pourceaux (comme nous l'avons
non seulement lu, mais vu de fraîche date, non entre des vieux
ennemis, mais entre des voisins et concitoyens et, ce qui est pis, sous
prétexte de piété et de religion[1]) que de le rôtir et manger après
40 qu'il est trépassé.

Chrysippus et Zénon, chefs des stoïciens, ont bien observé qu'il n'y
avait aucun mal à se servir de notre charogne, lorsque cela devient
nécessaire, et à en tirer de la nourriture[2] ; tout comme nos ancêtres
qui, étant assiégés par César dans la ville d'Alésia[3], se résolurent à
45 apaiser la faim causée par ce siège grâce aux corps des vieillards, des
femmes et d'autres personnes inutiles au combat. [...] En outre, les
médecins ne craignent pas de s'en servir à toute sorte d'usage pour
notre santé, que ce soit pour l'appliquer au-dedans ou au-dehors,
mais il ne se trouva jamais aucune opinion assez déréglée qui excusât
50 la trahison, la déloyauté, la tyrannie et la cruauté, qui sont nos fautes
coutumières.

Nous pouvons donc bien les appeler « barbares », en tenant compte
des règles de la raison, mais non en les comparant à nous qui les sur-
passons en toute sorte de barbarie. Leur guerre est toute noble et
55 généreuse, et elle a autant d'excuse et de beauté que cette maladie
humaine peut en recevoir ; elle n'a pas d'autre fondement, pour eux,
que le seul enthousiasme pour la vertu. Ils n'entrent pas en conflit
pour la conquête de nouvelles terres, car ils jouissent encore de ce
foisonnement naturel qui leur fournit, sans travail et sans peine,
60 toutes les choses nécessaires, et en telle abondance, qu'ils n'ont que
faire d'agrandir les limites de leur territoire. Ils sont encore en cet
heureux état de ne désirer que ce que leurs nécessités naturelles leur
ordonnent : tout ce qui est au-delà est superflu pour eux. Entre eux,
ceux du même âge s'appellent généralement « frères » ; « enfants »,

---

1. religion : allusion aux guerres de religion qui dévastèrent la France à la Renaissance (voir à ce sujet le contexte sociohistorique, page 122).
2. Diogène Laërce, *Vie de Chrysippe*, VII.
3. Alésia : forteresse où s'étaient réfugiées les troupes de Vercingétorix en 52 av. J.-C. Après leur capitulation, la Gaule devint une province romaine. Jules César lui-même raconte le siège d'Alésia dans *La Guerre des Gaules*, VII, 42 et 43.

65 ceux qui sont au-dessous ; et les vieillards sont les « pères » de tous les
autres. Ceux-ci laissent en commun à leurs héritiers une pleine pos-
session de leurs biens par indivis[1], sans autre titre que celui, tout pur,
que la nature donne à ses créatures, en les mettant au monde. Si leurs
voisins passent les montagnes pour venir les assaillir, et qu'ils rem-
70 portent la victoire sur eux, le gain du victorieux, c'est la gloire, et
l'avantage d'être demeuré maître en valeur et en vertu, car autrement,
ils n'ont que faire des biens des vaincus. Les vainqueurs s'en retour-
nent dans leur pays où ils ne manquent d'aucune chose nécessaire,
pas même de cette grande qualité qui est de savoir heureusement
75 jouir de leur condition et de s'en contenter. Ceux-ci en font autant à
leur tour. Ils ne demandent à leurs prisonniers d'autre rançon que la
confession et la reconnaissance d'être vaincus, mais il ne s'en trouve
pas un, pendant tout un siècle, qui n'aime mieux la mort que de céder
par l'attitude ou en parole une seule parcelle de la grandeur de leur
80 invincible courage. Il ne s'en voit aucun qui n'aime mieux être tué et
mangé que de seulement demander de ne pas l'être. Ils les traitent
d'une façon toute libérale et leur fournissent tous les plaisirs desquels
ils peuvent s'aviser, afin que la vie leur soit d'autant plus chère,
et ils les menacent constamment de leur mort future, des supplices
85 qu'ils auront à y souffrir, des préparatifs qu'on dresse à cet effet, de la
façon de trancher leurs membres et du festin qui se fera à leurs
dépens. Tout cela se fait à seule fin de leur arracher de la bouche
quelque parole de faiblesse ou de soumission, ou de leur donner
l'envie de s'enfuir pour acquérir l'avantage de les avoir épouvantés et
90 d'avoir infléchi leur courage. C'est, tout bien considéré, le point
ultime où réside la vraie victoire. […]

Ces prisonniers sont si loin de se rendre, malgré tout ce qu'on
leur fait subir, qu'au contraire, pendant ces deux ou trois mois
qu'on les garde, ils affichent une attitude joyeuse. Ils pressent leurs
95 triomphateurs de se hâter de les mettre à l'épreuve ; ils les défient,
les injurient, leur reprochent leur lâcheté et le nombre des batailles
perdues contre les leurs. J'ai une chanson faite par un prisonnier
où il y a cette effronterie : qu'ils viennent hardiment eux tous, et

---

1. par indivis : par une clause qui empêche le partage entre les héritiers d'un bien commun à tous.

s'assemblent pour dîner de lui, car ils mangeront en même temps
100 leurs pères et leurs aïeux, qui ont servi d'aliment et de nourriture
à son corps. « Ces muscles, dit-il, cette chair et ces veines, ce sont
les vôtres, pauvres fous que vous êtes ! Vous ne comprenez pas
que la substance des membres de vos ancêtres s'y trouve encore !
Savourez-les bien, vous y trouverez le goût de votre propre chair. »
105 Voilà une composition qui ne sent pas du tout la barbarie. Ceux
qui les dépeignent mourants et qui illustrent la minute de leur exécution, montrent le prisonnier crachant au visage de ceux qui le
tuent et leur faisant une grimace haineuse. Vraiment, ils ne cessent
jusqu'au dernier soupir de les braver et les défier en parole et en
110 action. Sans mentir, en comparaison de nous, voilà des hommes
bien sauvages, car il faut ou qu'ils le soient bien sérieusement, ou
que nous le soyons nous-mêmes : il y a une curieuse distance entre
leur manière d'être et la nôtre. [...]

(« Des cannibales », I, 31)

COMMENT APPRÉHENDER LA MORT ET
LA SOUFFRANCE ?

Pendant la troisième, ou la deuxième guerre[1], je ne m'en souviens
pas précisément, j'étais allé un jour me promener à une lieue[2] de chez
moi, situé au milieu de tout le trouble des guerres civiles de France.
Estimant être en parfaite sûreté, et si voisin de ma retraite, je n'avais
5 pas jugé nécessaire de prendre un meilleur équipage qu'un cheval
facile à chevaucher, mais guère solide. À mon retour, une occasion
soudaine se présenta de me servir de ce cheval pour une activité qui
n'était pas bien de son usage : un de mes serviteurs grand et fort,
monté sur un puissant étalon, qui ne répondait pas au mors, mais
10 frais au demeurant et vigoureux, pour faire le hardi et devancer ses
compagnons, vint à le pousser à toute bride droit dans ma route, et

---

1. guerre : Montaigne fait allusion à la troisième (1569-1570) ou à la deuxième (1567) guerre de
Religion.
2. une lieue : environ quatre kilomètres.

fondre comme un colosse sur le petit homme et petit cheval, et le foudroyer par sa violence et son poids, nous envoyant l'un et l'autre les quatre fers en l'air : si bien que voilà le cheval abattu et couché tout
15 étourdi, et moi, dix ou douze pas au-delà, étendu à la renverse, le visage tout meurtri et tout écorché, mon épée que j'avais à la main, à plus de dix pas au-delà, ma ceinture en pièces, n'ayant pas plus de mouvement et de sentiment qu'une souche. C'est le seul évanouisse- ment que j'ai senti jusqu'à aujourd'hui. Ceux qui étaient avec moi,
20 après avoir essayé par tous les moyens qu'ils purent de me faire revenir et me tenant pour mort, ils me soulevèrent entre leurs bras, et m'emportèrent avec beaucoup de difficulté dans ma maison, qui était loin de là, à environ une demi-lieue française. Sur le chemin, et après avoir été plus de deux grosses heures tenu pour trépassé, je com-
25 mençai à me mouvoir et respirer, car il était tombé une si grande abondance de sang dans mon estomac, que pour l'en décharger, la nature eut besoin de ressusciter ses forces. On me mit sur pieds, et je rendis un plein seau de bouillons de sang pur. Et plusieurs fois, en chemin, il me fallut faire de même. Ainsi, je commençai à reprendre
30 un peu de vie, mais ce fut peu à peu, et pendant un si long laps de temps, que mes premiers sentiments étaient beaucoup plus près de la mort que de la vie.

> *Car, encore incertaine de son retour,*
> *L'âme effrayée ne peut reprendre conscience*[1].

35 Ce souvenir a si fortement marqué mon âme, me représentant son visage et son image si près du naturel, qu'il ne me réconcilie aucune- ment avec elle. Quand je commençai à y voir, ce fut d'une vue si trouble, si faible et si morte, que je ne discernais encore rien que la lumière,

40 > *Comme celui qui tantôt ouvre, tantôt ferme les yeux*
> *Se trouve moitié endormi, moitié éveillé*[2].

Quant aux fonctions de l'âme, elles naissaient avec le même pro- grès que celles du corps. Je me vis tout sanglant, car mon pourpoint

1. Le Tasse, *Jérusalem délivrée*, XII, 74.
2. Le Tasse, *Jérusalem délivrée*, VIII, 26.

était taché partout du sang que j'avais rendu. La première pensée qui
45 me vint, ce fut que j'avais reçu une balle dans la tête : et vraiment, à
cette époque, il s'en tirait plusieurs autour de nous. Il me semblait
que ma vie ne me retenait plus que du bout des lèvres : je fermais les
yeux pour aider (ce me semblait) à la pousser hors de moi, et je pre-
nais plaisir à m'alanguir et à me laisser aller. C'était une imagination
50 qui ne faisait que nager superficiellement en mon âme, aussi tendre et
aussi faible que tout le reste mais, à la vérité, non seulement exempte
de déplaisir, mais mêlée à cette douceur, que ressentent ceux qui se
laissent glisser au sommeil.

Je crois que c'est ce même état où se retrouvent ceux qu'on voit
55 défaillant de faiblesse dans l'agonie de la mort et je soutiens que nous
les plaignons sans raison, en estimant qu'ils sont agités par de graves
douleurs, ou qu'ils ont l'âme oppressée par de pénibles réflexions.
Ça a toujours été mon avis, contre l'opinion de plusieurs, et même
d'Étienne de La Boétie, que ceux que nous voyons ainsi renversés et
60 assoupis aux approches de leur fin, ou accablés d'une longue maladie,
par l'accident d'une apoplexie, de l'épilepsie, […] ou blessés à la
tête, que nous entendons geindre, et rendre parfois des soupirs déchi-
rants, quoique nous n'en tirons aucuns signes, par où il semble qu'il
leur reste encore de la connaissance, et quelques mouvements que
65 nous leur voyons faire du corps : j'ai toujours pensé, dis-je, qu'ils
avaient et l'âme et le corps ensevelis, et endormis.

Il vit, mais n'a pas conscience de sa propre vie[1].

Et je ne pouvais croire qu'après un si grand choc et une si grande
défaillance des sens, l'âme pût encore maintenir une force en elle
70 pour se reconnaître, et que, pour cette raison, les malades n'avaient
aucun discours qui les tourmentât et qui pût leur faire juger et sentir
la misère de leur condition. Aussi, par conséquent, ils n'étaient pas
très à plaindre.

Je n'imagine aucun état pour moi aussi insupportable et horrible
75 que d'avoir l'âme consciente et malade, sans moyen de se déclarer,
comme je le dirais de ceux qu'on envoie au supplice en leur ayant
coupé la langue. Si ce n'était que dans ce type de mort, la plus muette

---

1. Ovide, *Tristes*, I, 3, 12.

me semble la mieux appropriée, si elle est accompagnée d'un visage
ferme et grave, comme ces misérables prisonniers qui tombent dans
80 les mains de soldats, les bourreaux communs de notre temps, par
lesquels ils sont tourmentés de toute sorte de cruels traitements
pour les contraindre à quelque rançon excessive et impossible et
qui sont cependant détenus dans des conditions et des lieux où ils
n'ont pas le moyen d'exprimer et de signifier leurs pensées et leur
85 misère. [...]

J'avais mon estomac rempli de sang caillé, mes mains y couraient
d'elles-mêmes, comme elles font souvent, là où il nous démange,
contre l'avis de notre volonté. Il y a plusieurs animaux, et des hommes
mêmes, après qu'ils sont trépassés, qu'on voit resserrer et remuer des
90 muscles. Chacun sait par expérience, qu'il a des parties qui se meu-
vent, dressent et couchent souvent sans son congé. Or ces passions
qui ne nous touchent que par l'écorce ne peuvent se dire nôtres. Pour
les faire nôtres, il faut que l'homme y soit engagé tout entier, et les
douleurs que le pied ou la main sentent pendant que nous dormons
95 ne sont pas à nous.

Comme j'approchai de chez moi, où l'alarme de ma chute avait
déjà couru, et que ceux de ma famille m'eurent rencontré, avec les
cris habituels en pareilles circonstances, non seulement je répondis
quelque mot à ce qu'on me demandait, mais encore ils disent que je
100 m'avisai de commander qu'on donnât un cheval à ma femme, que
je voyais s'empêtrer et se tracasser dans le chemin, qui est montueux[1] et malaisé. Il semble que cette considération dût partir d'une
âme éveillée, bien que je ne l'étais nullement. C'était des réflexions
vaines, en l'air, émises par les sens des yeux et des oreilles : elles ne
105 venaient pas de moi. Je ne savais pourtant ni d'où je venais ni où
j'allais. Je ne pouvais peser et considérer ce qu'on me demandait.
Les sens produisaient d'eux-mêmes de légers effets, comme par
habitude. Ce que l'âme y prêtait, c'était comme en songe, touchée
bien légèrement et comme léchée seulement et arrosée par la faible
110 impression des sens.

---

1. montueux : accidenté, montagneux.

Cependant mon état était à la vérité très doux et paisible : je n'avais pas d'affliction, ni pour autrui ni pour moi : c'était une langueur et une extrême faiblesse, sans aucune douleur. Je vis ma maison sans la reconnaître. Quand on m'eut couché, je sentis une infinie douceur à
115 ce repos : car j'avais été vilainement tiraillé par ces pauvres gens, qui avaient pris la peine de me porter sur leurs bras, par un long et très mauvais chemin, et s'y étaient relayés deux ou trois fois les uns après les autres. On me proposa tant de remèdes que je n'en acceptai aucun, étant bien certain que j'étais blessé à mort à la tête. C'eût été sans mentir
120 une mort bien heureuse, car la faiblesse de ma pensée m'empêchait de bien juger de mon état, et celle du corps de ressentir quelque chose. Je me laissais couler si doucement, et d'une façon si facile et si aisée, que je ne concevais guère d'action moins accablante que celle qui m'attendait, lorsque soudain je me mis à revivre et à reprendre des forces,

125   *Quand enfin mes sens reprirent un peu de vigueur*[1],

c'est-à-dire deux ou trois heures plus tard, je me trouvais à être entièrement sensible aux douleurs, ayant les membres tout moulus et froissés de ma chute, et j'en fus si mal pendant deux ou trois nuits que je désirais mourir pour de bon, mais d'une mort plus vive, et je me
130 ressens encore de la secousse de cette froissure. Je ne veux pas oublier ceci, que la dernière chose que je pus replacer, ce fut le souvenir de cet accident. Je me fis redire plusieurs fois, où j'allais, d'où je venais, à quelle heure cela m'était arrivé, avant de pouvoir le concevoir. Quant aux circonstances de ma chute, on me les cachait, en faveur de celui
135 qui en avait été la cause et on m'en inventait d'autres. Mais longtemps après, et le lendemain, quand ma mémoire vint à s'entrouvrir et à me représenter la situation où je m'étais trouvé dès l'instant où j'avais aperçu ce cheval fondre sur moi — car je l'avais vu à mes talons et je m'étais tenu pour mort, mais cette pensée avait été si soudaine que la
140 peur n'eut pas loisir de naître —, il me sembla que c'était un éclair qui me frappait l'âme de secousses, et que je revenais de l'autre monde.

Ce conte d'un événement si banal, serait assez inutile, sans la leçon que j'en ai tirée pour moi. Car, à dire vrai, pour s'apprivoiser à la

---

1. Ovide, *Tristes*, I, 3, 14.

mort, je trouve qu'il n'y a que de la côtoyer. Or, comme dit Pline[1],
145 chacun est à soi-même un très bon enseignement, pourvu qu'il ait
assez d'orgueil pour s'épier de près. Ce n'est pas ici ma doctrine,
c'est mon étude ; ce n'est pas la leçon d'autrui, c'est la mienne. On ne
doit pourtant pas me reprocher si je la communique. Ce qui me sert
peut aussi servir par hasard à un autre.
150
(« De l'exercice », ii, 6)

Qu'est-ce que la beauté chez l'homme ?

La beauté est une chose très considérée dans les relations humaines.
C'est le premier moyen de conciliation entre les uns et les autres, et il
n'existe aucun homme aussi barbare et aussi rechigné soit-il qui ne se
sente un peu frappé de sa douceur. Le corps tient pour une grande part
5 dans notre être, il y tient un grand rang ; ainsi sa structure et composition sont de bien juste importance. Ceux qui veulent diviser nos deux
parties principales et les séquestrer l'une de l'autre ont tort. Au contraire,
il faut les réaccoupler et les rejoindre. Il faut ordonner à l'âme, non de
se mettre à l'écart, de s'entretenir à part, de mépriser et d'abandonner le
10 corps (aussi elle ne saurait le faire que par quelque singerie contrefaite),
mais de se rallier à lui, de l'embrasser, le chérir, l'assister, le contrôler, le
conseiller, le redresser, et le ramener quand il se fourvoie : l'épouser, en
somme, et lui servir de mari, afin que leurs actions ne paraissent pas
différentes et opposées, mais accordées et constantes. […]
15 La première distinction qui ait existé entre les hommes, et la première considération qui donna des prééminences aux uns sur les
autres, est vraisemblablement l'avantage de la beauté.

Ils se partagèrent les terres agricoles
Selon la beauté, la force physique et l'ingéniosité de chacun :
20 *Car la beauté était alors une valeur et la force, une vertu[2].*

---

1. Pline : philosophe romain du i^{er} siècle de notre ère, il compte parmi les esprits les plus cultivés et les
plus fins de la Rome antique. Il meurt en 79, alors qu'il observe et cherche à comprendre l'origine
de l'éruption du Vésuve.

2. Lucrèce, *De la nature des choses*, v, 1109.

Or je suis d'une taille un peu au-dessous de la moyenne. Ce handicap n'a pas seulement de la laideur, mais encore de l'incommodité pour ceux, en particulier, qui ont des responsabilités de commandement et des charges, car l'autorité que donnent une belle
25 prestance et majesté corporelle leur fait défaut.

C. Marius ne recevait pas volontiers des soldats qui n'eussent six pieds de haut. *Le Courtisan*[1] a bien raison de vouloir, pour le gentilhomme qu'il conseille, une taille commune plus que toute autre chose, et de lui refuser toute étrangeté qui le fasse montrer du
30 doigt. Mais, parce qu'il préfère qu'un gentilhomme soit plutôt en-deçà qu'au-delà de la taille moyenne, je n'en ferais certes pas un soldat.

Les petits hommes, dit Aristote[2], sont bien jolis, mais non pas beaux. On reconnaît, dans la dignité, la grande âme, comme la beauté,
35 dans un grand corps. Les Éthiopiens et les Indiens, dit-il[3], en élisant leurs rois et leurs magistrats, prenaient garde à la beauté et à la haute taille des personnes. Ils avaient raison, car ceux qui les suivent auront du respect, et leurs ennemis de l'effroi à voir, à la tête d'une troupe, marcher un chef de belle et noble taille :

40   *À la tête s'avance Turnus, d'une sublime prestance,*
             Armes en main, et les surpassant tous d'une tête[4].

Notre grand roi, divin et céleste, duquel toutes les circonstances doivent être remarquées avec soin, par religion et par respect, n'a pas refusé le prestige du corps, *le plus beau parmi les descendants des*
45 *hommes*[5].

Et Platon[6], en plus de la tolérance et du courage, désire la beauté pour les dirigeants de sa république.

C'est une grande frustration qu'on vienne s'adresser à vous parmi vos gens pour vous demander : « Où est monsieur ? » et que

---

1. *Le Livre du courtisan*, I, 20. Cet ouvrage sur l'idéal de l'homme de cour à la Renaissance, publié par l'Italien Baldassare Castiglione en 1528, répondait à une commande de François Iᵉʳ.
2. Dans *Éthique à Nicomaque*, IV, 7.
3. Dans *Politiques*, IV, 44.
4. Virgile, *Énéide*, VII, 783.
5. *Psaumes*, XLV, 3.
6. Dans *La République*, VII.

50 vous n'ayez que la moitié du coup de chapeau qu'on donne
à votre barbier ou à votre secrétaire. C'est ce qu'il advint au
pauvre Philopœmen[1] : étant arrivé le premier de sa troupe dans
un logis où on l'attendait, son hôtesse, qui ne le connaissait pas,
et le trouvait d'assez mauvaise mine, lui ordonna d'aller un peu
55 aider ses femmes à puiser de l'eau ou attiser du feu pour le service de Philopœmen. À leur arrivée, les gentilshommes de sa suite
l'ayant surpris à l'emploi de cette belle besogne (car il n'avait pas
manqué d'obéir au commandement qu'on lui avait fait) lui
demandèrent ce qu'il faisait là : « Je paie, leur répondit-il, la
60 rançon de ma laideur. »

Les autres beautés sont pour les femmes : la beauté de la taille
est la seule beauté des hommes. En comparaison de la petitesse, ni
la largeur et rondeur du front, ni la pureté et douceur des yeux, ni la
forme normale du nez, ni la petitesse de l'oreille et de la bouche, ni
65 l'ordre et la blancheur des dents, ni l'épaisseur bien unie d'une barbe
brune à écorce de châtaigne, ni le poil relevé, ni la juste proportion
de la tête, ni la fraîcheur du teint, ni l'apparence agréable du visage,
ni un corps sans odeur, ni la juste proportion de membres ne peuvent
faire un bel homme.

70 J'ai au demeurant la taille forte et ramassée, le visage non pas gras,
mais plein, la complexion entre le jovial et le mélancolique, assez san-
guine et chaude,

Aussi ai-je les jambes et le torse couverts de poils[2],

la santé forte et allègre et rarement troublée par les maladies
75 jusqu'à un âge bien avancé. J'étais ainsi, car je ne me considère plus
le même aujourd'hui, alors que je suis engagé dans les avenues de la
vieillesse, ayant depuis longtemps franchi les quarante ans :

Insensiblement, les forces et la robustesse de la jeunesse
Sont brisées, et l'âge assure leur déclin[3].

---

1. Philopœmen : général grec (250-182 av. J.-C.) parmi les plus audacieux de l'Antiquité. L'anecdote
provient de la *Vie de Philopœmen* de Plutarque.
2. Martial, *Épigrammes*, II, 36.
3. Lucrèce, *De la nature des choses*, II, 1131.

80   Ce que je serai dorénavant, ce ne sera plus qu'un demi-être : ce ne sera plus moi. Je m'affaiblis tous les jours et me soustrais à moi-même :

> *Nos biens sont ruinés un à un par le temps qui fuit*[1].

    D'adresse et d'agilité, je n'en ai point eu, et pourtant je suis fils
85 d'un père dispos et d'une vivacité qui lui dura jusqu'à son extrême vieillesse[2]. Il ne trouva guère d'homme de sa condition qui l'égalât dans tous les exercices de corps, comme je n'en ai guère trouvé qui ne me surpassât, sauf à la course, en quoi j'étais assez médiocre. Pour la musique, en chant, où je suis parfaitement inapte, comme aux instru-
90 ments, on n'a jamais rien su m'en apprendre. En danse, à la palme[3], à la lutte, je n'ai pu acquérir qu'une fort légère et bien ordinaire maî-trise. À nager, à escrimer, à voltiger et à sauter : nul en tout. Les mains, je les ai si gourdes que je ne sais pas écrire seulement pour moi, de sorte que, ce que j'ai barbouillé, j'aime mieux le refaire que de me
95 donner la peine de le démêler. Je ne lis guère mieux[4] : je sens que j'ennuie mon auditoire. Autrement, je suis un bon clerc[5]. Je ne sais pas clore adroitement une lettre et je ne sus jamais tailler une plume, trancher à table quelque chose qui vaille, équiper un cheval de son harnais, porter à maturité un oiseau et le relâcher ou parler aux
100 chiens, aux oiseaux et aux chevaux.

    Mes conditions corporelles sont en somme très bien accordées à celles de l'âme, il n'y a rien d'allègre : il y a seulement une vigueur pleine et ferme.

(« De la présomption », II, 17)

---

1. Horace, *Épîtres*, II, 2, LV.
2. extrême vieillesse : le père de Montaigne mourut à 72 ans, âge exceptionnel à une époque où le début de la cinquantaine était l'espérance de vie moyenne des nantis.
3. palme : ancêtre du tennis qui se joue avec la main, ancien jeu de paumes.
4. Je ne lis guère mieux : Montaigne parle de la lecture à voix haute.
5. clerc : homme de savoir. Le clerc savait non seulement lire et écrire, mais aussi comprendre les textes.

Comment bien voyager ?

J'ai la constitution du corps capable de tout et les goûts communs aux autres hommes. La diversité des coutumes d'une nation à l'autre ne me touche que par le plaisir de la variété. Chaque usage a sa raison. Qu'on utilise des assiettes d'étain, de bois, de terre, qu'on offre du
5 bouilli ou du rôti, qu'on apprête les mets au beurre ou à l'huile de noix ou d'olive, qu'on serve les mets chauds ou froids : tout m'est égal. Et si égal que, vieillissant, j'envenime cette gourmande faculté à un âge où j'aurais besoin que la délicatesse et le choix me permettent d'arrêter le manque de modération de mon appétit pour soulager
10 parfois mon estomac. Quand j'ai voyagé hors de France et que, pour être courtois, on m'a demandé si je voulais être servi à la française, je m'en suis moqué et je me suis toujours jeté aux tables les plus fournies d'étrangers.

J'ai honte de voir nos hommes enivrés de cette sotte humeur de
15 s'effaroucher des coutumes différentes des leurs. Il leur semble être hors de leur élément, quand ils sont hors de leur village. Où qu'ils aillent, ils s'en tiennent à leurs habitudes et considèrent abominables les étrangères. Retrouvent-ils un compatriote en Hongrie ? Ils fêtent cette aventure : les voilà à se rallier et à se recoudre
20 ensemble, condamnant toutes ces mœurs barbares qu'ils voient. Pourquoi pas *barbares* puisqu'elles ne sont pas françaises ? Encore sont-ils les plus fins à les reconnaître pour en médire. La plupart ne partent que pour revenir. Ils voyagent couverts et enfermés dans une prudence taciturne et impénétrable, craignant la contagion
25 d'un air inconnu.

Ce que je raconte de ceux-là me rappelle une chose semblable que j'ai parfois remarquée chez certains de nos jeunes courtisans[§]. Ils ne se tiennent qu'avec les hommes de leur rang et nous regardent comme des gens de l'autre monde, avec dédain ou pitié. Mais ôtez-
30 leur les conversations sur les secrets de la cour et ils sont hors de leur sentier. Ils deviennent aussi novices et malhabiles avec nous que nous le sommes avec eux. On dit bien en vérité qu'un honnête homme, c'est un homme qui se mêle à la société.

Blasé de nos coutumes, je voyage à l'étranger pour éviter et non
35 pour rechercher des Gascons en Sicile: j'en ai assez laissé au pays!
Je recherche des Grecs plutôt, et des Persans. Je les aborde, je les
observe: c'est ce à quoi je me prête et m'emploie. Et qui plus est, il
me semble que je n'ai guère rencontré de coutumes qui ne vaillent les
nôtres. Mais je m'avance un peu, car rarement ai-je perdu de vue les
40 girouettes de ma maison.

En fait, la plupart des rencontres fortuites que vous croisez en
chemin procurent plus d'incommodité que de plaisir. J'en fais peu de
cas, et moins encore depuis que la vieillesse me donne la particularité
de ne pas me plier aux usages communs. Vous souffrez la présence
45 d'autrui, ou autrui souffre la vôtre; ces inconvénients sont l'un et
l'autre pesants, bien que le second me semble encore plus rude. Aussi
est-ce une chance rare, mais d'un soulagement inestimable, quand un
honnête homme d'une solide intelligence et de mœurs conformes
aux vôtres aime à vous accompagner. Cela m'a cruellement manqué
50 dans tous mes voyages. En fait, une telle compagnie, il faut l'avoir
choisie et acquise au départ du logis. Nul plaisir n'a de saveur pour
moi sans la conversation. Il ne me vient pas seulement une gaillarde
pensée dans l'âme que je ne sois fâché de l'avoir produite seul et de
n'avoir personne à qui l'offrir. « Si l'on m'offrait la sagesse à la condi-
55 tion de la tenir sous séquestre et de ne pas la révéler, je la refuserais. » [1]
Et un cran au-dessus: « Si un sage menait une vie telle que, dans
l'abondance de tous les biens, en plein loisir pour contempler et étudier tout ce qui est connu, il fût cependant condamné à une solitude
où il ne verrait personne, il quitterait la vie. » [2] Je trouve juste l'opi-
60 nion d'Archytas selon laquelle il ne se plairait pas au ciel même de se
promener dans de grands et divins corps célestes sans la présence
d'un compagnon.

Mais il vaut encore mieux être seul qu'en une compagnie
ennuyeuse et peu appropriée. Aristippe [3] aimait vivre partout
65 étranger.

---

1. Sénèque, *Lettres à Lucilius*, VI.
2. Cicéron, *Des Devoirs*, I, XLIII.
3. Aristippe: philosophe hédoniste grec du IVᵉ siècle av. J.-C. qui distingue le plaisir positif
   (le mouvement et l'action) du plaisir négatif (le repos).

Et si les destins me laissaient conduire ma vie
selon mes goûts[1],

je choisirais de la passer le cul sur la selle.

(« De la vanité », III, 9)

Lᴀ ᴛᴏᴜʀ ᴀʙʀɪᴛᴀɴᴛ ʟᴀ ʙɪʙʟɪᴏᴛʜᴇ̀ǫᴜᴇ ᴅᴇ Mᴏɴᴛᴀɪɢɴᴇ.

---

1. Virgile, *Énéide*, IV, 340.

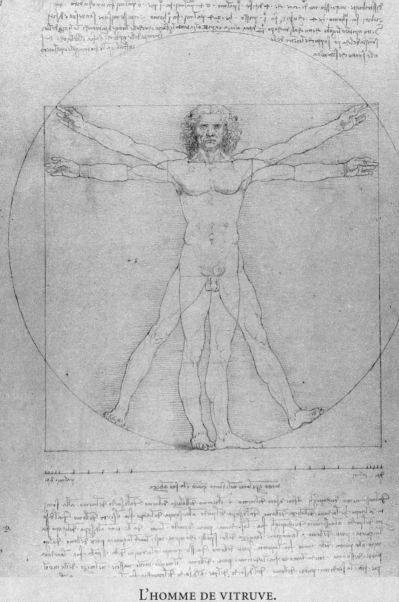

L'HOMME DE VITRUVE.

LÉONARD DE VINCI.

PRÉSENTATION
DE L'ŒUVRE

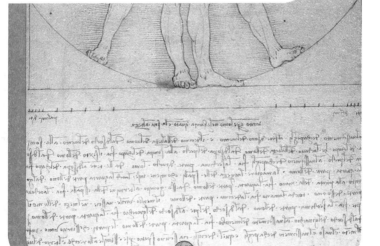

LE CONTEXTE SOCIOHISTORIQUE

Qu'est-ce que la Renaissance?

Un vaste et large mouvement

Née en Italie au XIVᵉ siècle, la Renaissance se définit comme une période historique, mais aussi comme un mouvement intellectuel, artistique et religieux qui se répand peu à peu dans toute l'Europe. En France, les idées nouvelles s'implantent pendant la seconde moitié du XVᵉ siècle. Pour certains historiens, elles s'imposent dès 1453, année de la chute de Constantinople. D'aucuns préfèrent toutefois associer les débuts de la Renaissance française à l'installation de la première presse à la Sorbonne, en 1470, voire à la découverte de l'Amérique, en 1492. Tous s'accordent néanmoins pour affirmer que l'ère se clôt par l'assassinat du roi Henri IV en 1610.

À l'aube de la Renaissance, une nouvelle génération découvre la lumière d'un monde stimulant et prometteur à bien des égards. Les clercs du Moyen Âge connaissaient les textes de l'Antiquité, mais ils les avaient traduits et commentés au point de les dénaturer. La période qui commence vise à une régénération de l'héritage des civilisations grecques et latines. Du coup, c'est toute la civilisation européenne, dégagée en partie de la puissante influence de l'Église, qui amorce une véritable renaissance, un terme se rencontrant dès 1550 sous la plume du biographe italien Giorgio Vasari. Repris par le XIXᵉ siècle, ce terme identifie, depuis, l'époque d'euphorie et de renouveau qui succède aux temps médiévaux.

La Renaissance voit l'éclosion de l'humanisme et de la Réforme, deux courants issus d'une volonté de balayer le prétendu obscurantisme du Moyen Âge et d'en finir une fois pour toutes avec la barbarie. Les convictions de la pensée moderne placent l'esprit du temps sous le signe de l'optimisme. Les guerres d'Italie assurent la propagation de l'influence italienne, notamment en peinture et en architecture. Grâce à leur généreux mécénat, deux puissants souverains français, François Iᵉʳ et Henri II, contribuent aux bouleversements des valeurs fondées par les humanistes et favorisent l'activité intellectuelle et artistique.

En outre, l'implantation de l'imprimerie et une large diffusion du livre provoquent un formidable mouvement d'idées. L'art de parler, de penser et d'écrire se modifie. Les conceptions, les inventions, les découvertes tant géographiques que scientifiques, les procédés et les thèmes de l'art subissent une extraordinaire poussée évolutive. En religion, la remise en question de la suprématie de l'Église suscite des dissensions intestines qui débouchent sur les guerres de Religion de la seconde moitié du XVIe siècle.

Un siècle de conflits religieux

La contestation des idées reçues

Au Moyen Âge, l'Europe traverse plusieurs périodes de floraison artistique et littéraire. L'exemple du XIIe siècle courtois, remarquable « renaissance médiévale », illustre à l'envi une civilisation influente, raffinée et tolérante. Dès le siècle suivant, l'Église connaît toutefois des soubresauts qui la poussent à durcir ses positions. En 1378, les désordres du Grand Schisme[1], pendant lequel deux, puis trois papes se disputent le pouvoir, ternissent la réputation de Rome. Des sectes secrètes fleurissent, et l'Église tente de sauvegarder son autorité par la répression. Le pape Grégoire IX fonde l'Inquisition, un tribunal ecclésiastique chargé de juger les hérétiques[2] et les libres penseurs. Cette institution, triste exemple de fanatisme religieux, exécute ou emprisonne au nom de la Vérité tous ceux qui contestent les dogmes de l'Église. Ainsi l'Inquisition condamne-t-elle successivement les astronomes Copernic (1473-1543) et Galilée (1564-1642) qui, à l'encontre des Saintes Écritures, osent affirmer que la terre est ronde et qu'elle ne se trouve pas au centre de l'univers.

---

1. Grand Schisme : en 1378, les cardinaux annulent l'élection de l'impopulaire pape Urbain VI et le remplacent par Clément VII qui s'installe à Avignon. Les deux papes et leurs successeurs respectifs revendiquent leur légitimité pendant trois décennies. En 1409, le Concile de Pise envenime la situation en établissant un troisième pape, Alexandre V ! Les luttes d'autorité se terminent en 1417 par l'élection universellement reconnue de Martin V au Concile de Constance.
2. hérétiques : croyants dont les opinions et la pratique religieuse dérogent aux dogmes de l'Église catholique.

À la Renaissance, les écoles et les universités, sous l'autorité des scolastiques[1], inculquent une instruction doctrinale fondée sur la logique formelle et la rhétorique. Les étudiants apprennent par cœur une multitude de connaissances théologiques et scientifiques obsolètes. Dans ces institutions, le sens critique demeure suspect et, en règle générale, les remises en question sont proscrites. Le travail intellectuel se borne à rabâcher des principes immuables dans des discours obscurs. À ce jargon de la glose[2], les humanistes vont opposer un dialogue riche et fructueux avec les textes anciens. Ces derniers, scrupuleusement établis d'après les manuscrits originaux et largement diffusés par l'imprimerie, sont porteurs des germes du bouleversement des valeurs et des idées que rencontre la Renaissance. Grâce à ces travaux philologiques[3], les lettrés du XVIᵉ siècle disposent d'une remise à neuf du savoir de l'Antiquité, duquel ils peuvent tirer une pensée dégagée du dogmatisme[4] chrétien.

L'évangélisme et la Réforme

Pour bien comprendre la Renaissance, il faut étudier l'évolution de sa pensée religieuse. Après les abus des grands ecclésiastiques de l'Église, au rang desquels certains papes se révèlent de véritables despotes militaires et politiques, la corruption du clergé, les ventes d'indulgences[5] et les détournements de fonds appellent à la remise en cause des autorités catholiques. Les humanistes ne remettent jamais

---

1. scolastiques : disciples de John Duns Scot, théologien médiéval (v. 1266-1308). Depuis le Moyen Âge, les scolastiques enseignent à la Sorbonne de Paris la supériorité de la foi sur la raison. Cette pensée respecte scrupuleusement les dogmes de l'Église et rejette toute forme de changement. Elle s'oppose ainsi à la pensée ouverte et pragmatique des humanistes.

2. glose : commentaire écrit ou oral qui développe longuement un propos inutile et sans valeur pratique.

3. philologiques : qui étudient les manuscrits d'un texte et comparent les variantes pour dégager l'œuvre originale.

4. dogmatisme : caractère d'une croyance qui repose sur une doctrine considérée comme la seule et incontestable vérité.

5. ventes d'indulgences : pour achever Saint-Pierre de Rome, le pape Léon X met en vente des remises de peine pour les péchés. Ces indulgences, vendues par le clergé à travers l'Europe, assurent par un simple achat le paradis aux nantis. Dans ses 95 résolutions, Martin Luther conteste cette pratique qui réduit le cheminement spirituel du salut à une simple question d'argent.

en doute l'existence de Dieu, mais ils entendent s'éloigner de la corruption du clergé romain et cherchent à raffermir leur conviction religieuse en humanisant le rapport du fidèle à Dieu.

Le hollandais Érasme (v. 1469-1536) s'emploie dans ses écrits à fonder la foi sur les Évangiles. Il retourne aux sources de la Parole de Dieu et constate que ni le célibat des prêtres, ni les jeûnes du vendredi et du Carême, ni le paiement des indulgences et de la dîme ne sont des commandements divins. Ainsi naît l'évangélisme, un mouvement chrétien dont les adeptes, profondément insatisfaits de la médiation spirituelle du clergé, préconisent la lecture personnelle des Évangiles. La Bible, traduite du latin et mise à la portée de tous par l'imprimerie, doit s'étudier en sa propre conscience. Cette attitude dynamique suscite une réflexion personnelle, gage d'une sincère recherche du salut. Mouvement modéré, l'évangélisme met en péril la suprématie de l'Église en matière de foi. Aussi sera-t-il l'objet de persécutions. Et dans son orientation la plus radicale, il aboutit à la Réforme.

Sous l'impulsion de Luther (1483-1546), la Réforme se développe d'abord en Allemagne. Parallèlement à la remise en cause de l'autorité du pape, un sentiment national se raffermit dans les pays du nord de l'Europe. Nombre de chrétiens préfèrent payer leurs impôts au roi plutôt qu'au pape. Tout comme Érasme, Luther établit la préséance de la foi et de la vérité des Évangiles sur les dogmes de l'Église. Mais plus extrémiste, il prône le schisme religieux ; le pape est donc destitué, la Vierge et les saints, rejetés. La diffusion de la doctrine luthérienne atteint la France dès le début du siècle. Elle se mêle bientôt aux idées du calvinisme et débouche sur le protestantisme.

Les guerres de Religion

En 1562, le Concile de Trente réunit le pape, les évêques et les cardinaux du monde entier pour contrer les progrès de la Réforme. Ce cénacle de prélats établit sans appel la primauté du catholicisme, la suprématie légitime de l'Église de Rome et le devoir de lutter contre les hérétiques. Ce message de haine fait basculer l'autorité des rois qui ne parviennent plus à endiguer les oppositions religieuses. La tolérance, généralement acquise entre catholiques et protestants pendant la première moitié du siècle, dégénère en conflits ouverts : huit guerres de Religion qui s'échelonnent de 1562 à 1585. Essentiellement religieux, les conflits prennent une coloration politique dès que les convoitises territoriales et les intérêts pécuniaires entrent en jeu. En outre, coincée entre une Espagne ultra-catholique et les protestants d'Allemagne et d'Angleterre, la France se trouve elle-même déchirée par des querelles religieuses au sein de sa haute noblesse : la famille ultra-catholique des Guise contre les Bourbon, fièrement protestants. D'un bout à l'autre de l'échelle sociale, les haines dégénèrent en guerres civiles et, hors du royaume, en campagnes militaires contre les puissances frontalières. L'âpreté et la cruauté des luttes ensanglantent la France pendant plus de 40 ans et ne s'estompent qu'avec la promulgation de l'édit de Nantes en 1598.

PORTRAIT DE FRANÇOIS Ier.
TABLEAU PAR CLOUET.

Le règne de François Iᵉʳ

LE MONARQUE PAR EXCELLENCE DE LA RENAISSANCE

Marignan : la victoire d'un jeune roi

Quand Louis XII meurt en 1515, François Iᵉʳ, marié l'année précédente à Claude de France, a 21 ans. S'il s'est montré peu enclin à l'étude des lettres et des langues, il a en revanche des aptitudes prononcées pour le maniement des armes.

Les guerres d'Italie, entamées puis abandonnées sous les règnes précédents, ravivent les espoirs de conquête de François Iᵉʳ. Elles occupent la première moitié du XVIᵉ siècle et entraîneront des conséquences aussi désastreuses pour l'économie que bénéfiques pour les arts et les lettres. En 1515, pour écraser le duché de Milan, François Iᵉʳ engage ses troupes sur un col des Alpes réputé impraticable. Trente mille fantassins, 10000 cavaliers, 72 canons et 300 pièces d'artillerie s'infiltrent en Piémont et, par surprise, affrontent à Marignan, près de Milan, une armée de 20000 Suisses. Venues en renfort, les troupes vénitiennes alliées sauvent *in extremis* l'armée française qui, le 14 octobre, après un combat acharné, se relève meurtrie (12000 morts), mais triomphante.

L'entrevue du Camp du Drap d'or

Charles Quint, empereur dès 1519, règne sur l'Espagne, l'Autriche, la Bohême[1], les Pays-Bas et sur les royaumes de Naples, de Sicile et de Sardaigne. François Iᵉʳ le prend comme un échec personnel, lui qui était candidat à l'élection de ce vaste empire. La France, se sentant prise en étau, cherche à s'allier des puissances étrangères. Parmi celles-ci, l'Angleterre d'Henri VIII hésite entre l'empire de Charles Quint et le royaume de François Iᵉʳ. Les deux souverains se rencontrent du 7 au 24 juin 1520. L'événement donne lieu à un déploiement de fastes coûteux. Chacun rivalise de magnificence. Si les Anglais en imposent en construisant un palais de brique et de verre, les Français éblouissent par leurs somptueuses tentes de brocart et d'or. Les

---

1. Bohême : l'actuelle République tchèque.

enjeux politiques sont négociés prestement — la France rachète à prix fort des terres à l'Angleterre — pour faire place aux festivités. Cérémonies, banquets, joutes et tournois se succèdent. Les rois se livrent en personne à des compétitions de lutte et à des tournois de courtoisie. Malgré le souci de sincérité de François Ier, les louvoiements d'Henri VIII en faveur de l'empire provoquent le relatif échec d'une entreprise coûteuse.

La défaite de Pavie : échec et mat

Sans alliés sûrs et au mépris des Parisiens écrasés par de lourds impôts, François Ier livre une troisième guerre en Italie. En octobre 1524, il franchit les Alpes avec ses troupes et espère renouveler le succès de Marignan. Cette fois, les armées espagnoles et allemandes prêtent main-forte aux troupes italiennes. Les Français, retranchés à Mirabello, bombardent Pavie dès novembre et affrontent un rude hiver qui décime leurs rangs. Dans la nuit du 23 au 24 février 1525, l'assaut final est donné. François Ier commet alors une faute stratégique en devançant les canons de son artillerie et en se lançant dans la bataille. Ses chefs de guerre, de haute noblesse, sont tous tués, et lui-même, désarçonné, est capturé par son rival, Charles Quint. Le roi se rend la honte au cœur : « Tout est perdu, fors l'honneur », écrit-il à sa mère, devenue dans les circonstances la régente du royaume.

Promené de châteaux italiens en prisons espagnoles, François Ier espère recouvrer la liberté moyennant une forte rançon et son mariage avec Éléonore, sœur de l'empereur. En France, la situation devient urgente : le Parlement de Paris conteste l'autorité de la régente, l'argent manque et les soldats rescapés de Pavie, sans solde, rôdent comme des vagabonds. Après des mois éprouvants pour son moral et sa santé, François Ier se résigne et cède à Charles Quint la Flandre, l'Artois et les possessions françaises en Italie. Il signe le traité de Madrid, le 14 janvier 1526. En échange de sa libération, il livre, outre une rançon de deux millions d'écus, ses fils, le dauphin François, 8 ans, et Henri, 7 ans. Après de nouveaux impôts levés, les négociations se soldent par le paiement des sommes exigées, la restitution des enfants et le mariage de François Ier et d'Éléonore d'Autriche, en juillet 1530. Fruit d'une erreur, la défaite de Pavie, qui vide les coffres de la France, aura coûté 4,2 tonnes d'or.

L'affaire des Placards : l'autorité royale bafouée

La Réforme des années 1530 trouve en France un terrain favorable à la tolérance. La liberté de culte, malgré les méfiances de la faculté de théologie et la répression qu'elle tente d'exercer sur les protestants et les hérétiques, jouit d'une relative tranquillité. Si François Ier n'est pas hostile aux idées nouvelles, sa sœur, Marguerite de Navarre, les soutient activement. Ses sympathies lui valent la censure ecclésiastique, aussitôt abolie par le roi. Mais les troubles provoqués en Allemagne par Luther font reconsidérer à François Ier ses positions. En 1534, l'affaire des Placards met le feu aux poudres. À travers le royaume, des protestants répandent des libelles et des pamphlets contre l'Église et le pape, jusque sur la porte de la chambre du roi. Ce dernier estime le sacrilège comme un défi à son autorité. Il fait exécuter six hérétiques sans autre forme de procès. Cette provocation des « mal sentants de la foi » débouche sur la répression et la censure pour les trois prochaines décennies.

La fin d'un roi humaniste

En janvier 1547, le bilan de santé de François Ier ne se révèle guère reluisant. Il dissimule à ses proches depuis plusieurs années des infections chroniques liées à une probable syphilis. Au soir du 30 mars 1547, satisfait d'avoir conservé l'essentiel des territoires français, il laisse une politique intérieure fragilisée par des conflits parlementaires et des rébellions paysannes. Il se résout à livrer son royaume à la répression religieuse. Avec lui disparaît un roi de légende qui a imposé une politique culturelle humaniste en créant un mécénat au service de l'art. « Telle est notre bon vouloir » fut en sa bouche un souhait voilé de péremptoire courtoisie.

Le règne d'Henri II

LE ROI D'UN AMOUR

Entre épouse et maîtresse

Après une enfance mise à rude épreuve par la perte de sa mère et quatre ans de captivité en Espagne, Henri épouse Catherine de Médicis en 1533 pour des raisons politiques. Bien que cette dernière lui soit toujours fidèle, elle ne peut empêcher la relation qu'il entretient depuis plusieurs années avec la belle Diane de Poitiers, de 20 ans son aînée. Pour Henri, elle incarne tout : la mère, la conseillère et la maîtresse. Lorsqu'il devient Henri II en 1547, il affirme son pouvoir et conserve honneur et noblesse entre la reine et la favorite. Mais les rivalités entre les deux femmes ne facilitent pas les choses.

Homme de devoir, austère et dévot, Henri II se révèle aussi un sportif et un galant porté sur la chose. Sa nombreuse progéniture en fait foi : 13 enfants, dont 3 bâtards connus. Piètre politique, médiocre stratège, il brille plus par ses aventures amoureuses que par les hauts faits d'armes. Banquets, tournois, cérémonies : à la table d'Henri, la femme est toujours célébrée. La couche royale elle-même se partage entre devoir et amour. Et surtout amour. Pour Diane, rien n'est trop beau. Il la comble de bijoux, la gratifie de généreuses pensions et lui offre le magnifique château de Chenonceaux, serti dans le Cher. Et gare à la critique ! Un tailleur protestant périt sur le bûcher pour avoir osé insulter Diane.

Le tournoi fatal

Contraint de faire la paix avec l'Espagne et de céder ses possessions italiennes, Henri II signe le seul événement politique majeur de son règne, le traité de Cateau-Cambrésis, en avril 1559. Les mariages simultanés de sa fille Élisabeth avec Philippe II d'Espagne et celui de sa sœur Marguerite de Savoie en juin sont l'occasion de grandes festivités. Un tournoi de cinq jours se déroule grand-rue Saint-Antoine. Le 30 juin, toute la cour assiste au spectacle. Henri II veut montrer sa valeur et sa force. Il s'acharne, épuisé après deux joutes victorieuses, sur une troisième, face au lieutenant de sa garde écossaise, Montgomery. Dans les tribunes, Catherine et Diane supplient Henri de renoncer à poursuivre. Mais l'orgueil du roi s'avère tenace. Le choc de l'ultime assaut est terrible ; il reçoit la lance de son adversaire dans l'œil gauche. Médecins et chirurgiens, dont Ambroise Paré, se relaient en vain au chevet du roi. Après une interminable agonie, Henri II s'éteint à 40 ans, victime d'un banal accident. Les 12 ans de règne d'Henri II laissent un royaume exsangue et affaibli par de graves crises religieuses et financières.

AMBROISE PARÉ.

GRAVURE EXTRAITE DE : *DEUX LIVRES DE CHIRURGIE, DE LA GÉNÉRATION DE L'HOMME, & MANIÈRE D'EXTRAIRE LES ENFANTS HORS DU VENTRE DE LA MÈRE,*... CHEZ ANDRÉ WECHEL, PARIS, 1573.

L'arbre généalogique des Valois (généalogie incomplète).

ÉLIANE VIENNOT, *MARGUERITE DE VALOIS*, PARIS, GRANDE BIBLIOTHÈQUE PAYOT, ÉDITIONS PAYOT ET RIVAGES, 1995, P. 397.

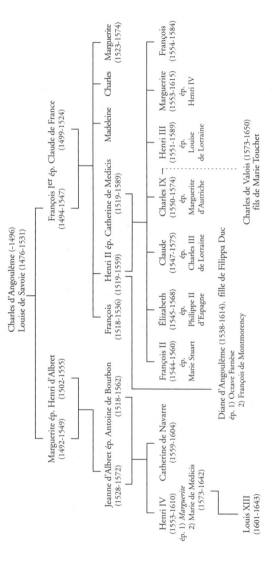

Charles IX et Catherine de Médicis

LES VICISSITUDES DU POUVOIR PARTAGÉ

La régence et la politique de la tolérance

Sur la scène du pouvoir, Catherine de Médicis fait son entrée. Le décès tragique de son époux donne enfin à cette femme, consciente de son rang, une véritable dimension politique. Henri II ne lui avait guère laissé de pouvoir dans les affaires de l'État. Son fils de 15 ans, François II, marié l'année précédente à Marie Stuart d'Écosse, monte sur le trône en juillet 1559. Son règne est traversé par la conjuration d'Amboise, une révolte de protestants nobles réprimée dans le sang en mars 1560. Chétif et malade, François II meurt en décembre 1560. Charles IX n'a que 10 ans. Catherine de Médicis n'hésite pas à prendre les rênes de l'État, se proclamant gouvernante de France, autrement dit régente. Elle s'efforce d'abord de rééquilibrer les finances de l'État. Malgré la liberté dont jouit le culte protestant et l'abolition de la peine de mort pour cause de délit religieux, la politique de tolérance de la reine mère ne parvient pas à éradiquer les divergences viscérales qui empoisonnent le pays. L'autorité royale n'impose qu'une paix de surface ; les exécutions publiques, les assassinats et les massacres se multiplient dans un pays qui sombre inexorablement. Au plus fort des dissensions religieuses, Catherine de Médicis cherche à se concilier la faveur des nobles catholiques et celle des protestants. Elle doit bientôt choisir son clan et se résout au catholicisme. En 1562, les massacres se succèdent à Wassy, Lyon, Tours et Orléans. Elle-même participe en amazone au siège de Rouen. Il faut attendre mars 1563 pour qu'elle signe, par la main du roi Charles, l'édit qui met un terme à la première des guerres de Religion.

Le massacre de la Saint-Barthélemy

Neuf ans et deux guerres plus tard, Catherine de Médicis et Charles IX se retrouvent confrontés à de graves complots au sein de la famille royale. En août 1572, les noces de Marguerite de Valois, sœur catholique du roi, et d'Henri de Navarre, protestant et futur Henri IV, calment un peu les tensions. Mais, dans l'ombre, Catherine et son fils

Henri d'Anjou prennent la décision de supprimer le chef des hugue-
nots, l'influent Gaspard de Coligny. Lorsque Charles IX apprend
l'échec de l'attentat, lui, d'ordinaire si modéré envers les protestants
mais craignant leur vengeance, aurait clamé : « Tuez-les, mais tuez-les
tous ! » À contrecœur, il donne ainsi le feu vert à un massacre sans
précédent dans l'histoire française. Pendant la nuit du 24 au 25 août
1572, des milliers de protestants sont égorgés, sans autre forme de
procès, dans les rues de Paris. Ordres et contrordres se succèdent sans
parvenir à freiner la boucherie qui dure trois jours et fait 25000 vic-
times dans le camp huguenot. Pendant les semaines qui suivent, des
meurtres et des tueries sont perpétrés en divers points du royaume.
La Saint-Barthélemy, symbole des barbaries commises au nom de la
religion, entache la Renaissance et toute l'histoire de l'humanité. À
l'image de récents génocides, voilà un funeste emblème du fanatisme
religieux qui conduit à l'intolérance et à la répression.

LE MASSACRE DE LA SAINT-BARTHÉLEMY.

Le règne d'Henri III

LA FIN D'UNE DYNASTIE

Un roi de Pologne sur le trône de France

Fruit de tractations diplomatiques de la part de Catherine de Médicis, Henri d'Anjou se retrouve roi de Pologne, à Cracovie, en 1573. Roi aux pouvoirs limités, asservi à la diète[1], sans argent et promis à un mariage qu'il réprouve, il s'entoure de courtisans français et catholiques, ses fameux mignons[2], qui lui apportent quelque consolation. En juin 1574, il apprend donc avec une certaine allégresse la mort du frère détesté, le roi Charles. L'événement donne lieu à une fuite rocambolesque d'un royaume vers un autre. Avant de regagner la France, le nouveau souverain entreprend un grand voyage. Accueilli avec éclat à Vienne, c'est en triomphe qu'il est reçu en Italie. Il confirme là son goût pour les fêtes qui, de Venise à Ferrare et de Mantoue à Turin, se succèdent. Dans l'euphorie, il signe un traité où il cède à la Savoie les dernières possessions françaises outre-Alpes : une erreur politique qui amorce mal le nouveau règne.

L'instabilité politique et religieuse

Henri III hérite d'une France dont l'appareil d'État est défectueux. Désormais, il doit lutter contre son frère François d'Alençon qui a épousé la cause protestante par intérêt et qui ne cache pas ses ambitions au trône. Soutenu activement par sa mère, Henri s'oppose aux Malcontents — des nobles opposés à la monarchie — dans un imbroglio diplomatique où il est confronté à son frère et à son beau-frère Henri de Navarre. Ces derniers, incarcérés depuis 1572 par Catherine de Médicis, parviennent à s'enfuir. Le conflit ouvert relève moins des convictions religieuses que de l'attrait du pouvoir. À l'évidence, celui-ci est menacé ; les Guise et les Bourbon revendiquent chacun leur prétention au trône. Les deux partis incitent à la vengeance depuis que la culpabilité de la famille royale est reconnue dans le massacre

---

1. diète : parlement, chambre législative.
2. mignons : favoris efféminés du roi Henri III, dont l'homosexualité est notoire.

de la Saint-Barthélemy. Henri cède devant les défaites qui se multi-plient. Malgré la banqueroute qui menace le royaume, des mois de fêtes et de bals, où le faste se dispute à l'extravagance, voient la cour des mignons rivaliser d'intrigues aussi futiles que malsaines.

Un règne de complots et d'assassinats

Affaibli par les traités de paix sans cesse différés, et par les défaites à l'étranger, le pouvoir vacille. Le roi, forcé de se rallier aux Guise contre les protestants, voit sa popularité décroître en faveur d'Henri de Guise. Lassé par les humiliations, Henri III abandonne peu à peu la scène politique. Conciliatrice au service de la paix, Catherine de Médicis supplée aux absences de son fils et tente des rapproche-ments par des pourparlers diplomatiques. Quand la journée des Barricades[1] en mai 1588 éclate, Henri prend la fuite. En décembre, il convoque les états généraux de Blois et fait assassiner le duc de Guise. C'est le signal de la curée. Plus rien ne fait obstacle à la fureur des deux partis. Catholiques et protestants s'unissent pour affronter le pouvoir royal. Épuisée, la reine mère s'éteint au début de 1589. Henri tente de sauver la monarchie, mais, poignardé par le dominicain Jacques Clément, il meurt dans la nuit du 2 août 1589, sans héritier, et désigne Henri de Navarre comme successeur.

---

1. journée des Barricades: appelé par la Ligue catholique des Seize, représentants des 16 quartiers de la capitale, le duc de Guise défie l'interdiction royale et entre triomphalement dans Paris.

Le règne d'Henri IV

UN ROI POUR LA PAIX

Des conversions stratégiques

Henri, roi de Navarre, protestant de souche par sa mère, Jeanne d'Albret, est contraint d'abjurer sa foi pour sauver sa vie au lendemain de la Saint-Barthélemy. Jusqu'à la fin de sa détention au Louvre et à Vincennes, en 1576, l'union entre catholiques et protestants ne présente pas l'entente espérée par la monarchie. Une fois libre, Henri retrouve la foi calviniste. Assouvir ses ambitions politiques devient toutefois son principal souci. Depuis 1584, le trône de France lui est promis, mais la Ligue ne l'entend pas ainsi, et Henri doit livrer un combat acharné pour revendiquer ce droit. Sentant la couronne lui échapper, il a la sagesse d'abdiquer définitivement sa foi, le 25 juillet 1593. Il est sacré roi l'année suivante et entre triomphalement dans Paris.

Épouses et concubines

Avec Henri IV, la dynastie des Bourbon s'installe sur le trône jusqu'à la Révolution française. Grâce aux bons offices de Catherine de Médicis, le jeune Henri a épousé sa fille, la belle Marguerite de Valois. Les époux ne sont pas dupes de l'opportunisme politique dont ils sont l'enjeu. Le roi connaît alors de nombreuses aventures galantes. Des années plus tard, quand à Rome s'opèrent les procédures du divorce royal auxquelles Marguerite a donné son accord, Henri IV se console avec Henriette d'Entragues qui demeure auprès de lui quand il épouse Marie de Médicis en 1600 ! Les conquêtes du roi s'achèvent avec Jacqueline de Bueil et Charlotte des Essarts. Henri IV aura eu 14 enfants, héritiers légitimes et bâtards confondus.

L'édit de Nantes

En avril 1598, Henri IV signe à Nantes un acte de tolérance qui accorde le même statut aux protestants qu'aux catholiques : reconnaissance des droits, abolition des discriminations de tout genre et surtout liberté de conscience et de culte dans certaines villes de

France. Même si le catholicisme demeure la religion du royaume, le principe de bien commun prévaut et, avec lui, le retour à la paix. Véritable déclaration des droits de l'homme, l'édit de Nantes met fin à 36 ans de guerres civiles et religieuses.

Le régicide

Éprouvé par des années de troubles et de révoltes, le peuple se révèle méfiant envers le premier Bourbon; le roi représente toujours un symbole d'autorité et de tyrannie. Henri IV n'échappe pas aux risques encourus par son statut, et la fin du règne précédent lui donne tout lieu de craindre l'éventualité d'un attentat. À une époque où le meurtre d'un prince ou d'un roi constitue un geste salutaire ou libérateur, d'aucuns se plaisent à mettre en doute les convictions catholiques d'Henri IV. Entre 1595 et 1610, ce dernier échappe à 19 tentatives d'assassinat. Un seul parvient à ses fins: François Ravaillac. Catholique fanatique, il met au point un guet-apens qui déjoue la vigilance de l'escorte royale et il poignarde le roi, rue de la Ferronnerie. Les contemporains du drame incriminent la reine Marie de Médicis; d'autres soupçonnent l'Espagne d'avoir armé le bras meurtrier. Ce 14 mai 1610, c'est un roi de légende qui disparaît: un homme d'action aux valeurs profondément humaines.

PORTRAIT D'HENRI IV.

L'assassinat d'Henri IV, rue de la Ferronnerie.

AUTOPORTRAIT DE LÉONARD DE VINCI.

LE CONTEXTE CULTUREL

L'humanisme

UN SAVOIR UNIVERSEL

Courant artistique et littéraire dominant de la Renaissance, l'humanisme place l'être humain au centre de ses préoccupations esthétiques et philosophiques. En latin, le mot *humanitas* signifie « culture » et renvoie à l'étude des *humanités*, c'est-à-dire à la connaissance approfondie des grandes œuvres du savoir humain. Les humanistes unifient la pratique des arts et l'étude des sciences ; ils sont à la fois des artistes et des penseurs. Ces savants créateurs survolent le champ des connaissances, s'adonnent à la réflexion et cherchent à joindre la sensibilité artistique à l'expérience pratique. Les arts plastiques font la part belle à la représentation du corps humain et atteignent dans sa reproduction un degré de réalisme inconnu depuis l'Antiquité, au grand dam de l'Église.

L'archétype de l'humaniste de la Renaissance demeure Léonard de Vinci (1452-1519). Écrivain, peintre et sculpteur célèbre, il est en outre un inventeur, un mathématicien, un ingénieur, un anatomiste, un géologue et un architecte. Son génie éclaire toute la période par la pertinence de ses vues et la finesse de sa sensibilité. Mieux que tout autre, ce géant laisse entrevoir dans ses écrits l'universalité et l'esprit de son temps.

D'autres humanistes réputés produisent des œuvres non moins essentielles, en ce qu'elles tentent un décloisonnement des domaines de la pensée. En Hollande, Érasme (v. 1469-1536) procède à une synthèse de l'héritage antique et du christianisme raisonné. Dans *Éloge de la folie*, son chef-d'œuvre, il utilise le rire pour opposer à la démence du monde, avide de trivialités et d'honneurs éphémères, la folie plus sage du vrai chrétien qui comprend la nécessité de s'en départir. Le florentin Nicolas Machiavel (1469-1527) fonde les sciences politiques et propose le despotisme éclairé dans *Le Prince*, cependant qu'en Angleterre, Thomas More (1478-1535) invente le modèle de la société idéale dans son *Utopie*. Intellectuels curieux et artistes infatigables, les humanistes s'avèrent en effet profondément concernés par un nouveau contrat social. Le savoir, loin de se cantonner à une tour d'ivoire, sert à formuler d'harmonieuses conceptions de rapports humains. Aujourd'hui encore, le mot *humanisme* sous-entend un art de vivre qui conjugue un idéal de sagesse à un regard bienveillant.

LES DÉCOUVERTES

Le dynamisme de la Renaissance résulte d'une activité conjointe d'humanistes, savants et artistes, qui repoussent les limites du savoir humain. Ce siècle est celui des expansions géographiques, des avancées scientifiques et des recherches esthétiques.

Les grandes découvertes territoriales

L'inconnu, l'étranger suscitent la curiosité et l'intérêt des navigateurs, infatigables voyageurs de l'époque. L'Orient, surtout, exerce sur l'imaginaire un attrait particulier. Depuis le Moyen Âge, denrées, épices et textiles proviennent de la « route de la soie » — la terre — ou de celle « du poivre » — la mer. Ces contrées éloignées et mythiques aux parfums mystérieux recèlent aussi or, argent, diamants et pierres précieuses. L'ambition et l'appât du gain à peine avoués de l'Église de Rome se dissimulent mal sous le fallacieux prétexte de répandre la foi chrétienne aux infidèles. Christophe Colomb découvre l'Amérique en 1492 ; c'est l'amorce des explorations espagnoles qui livrent le Mexique et le Pérou au pillage. Les Espagnols gagnent à cette exploitation coloniale d'importants avantages économiques, sociaux et politiques. La puissance de la bourgeoisie marchande et la suprématie de la couronne d'Espagne font rapidement des envieux. Les Portugais ouvrent une nouvelle route des Indes, grâce à Vasco de Gama en 1498, et pénètrent l'Afrique occidentale, cependant que les Français s'illustrent, un peu tardivement il est vrai, avec la découverte du Canada par Jacques Cartier en 1534.

Les sciences

En mathématiques, la notation arabe et l'usage du papier remplacent l'abaque et les jetons de calcul. Les opérations arithmétiques ainsi simplifiées favorisent l'expansion du commerce. En anatomie, l'Église interdit les nouvelles théories chirurgicales du Suisse Paracelse (1493-1541) et la pratique de la dissection préconisée par le Flamand Vésale (1514-1564). Les connaissances acquises par les « voleurs de cadavres » permettent néanmoins à la médecine de progresser et au Français Ambroise Paré (1509-1590) de prétendre au titre de père de la chirurgie moderne. L'astronome polonais Copernic (1473-1543) se charge pendant ce temps de prouver la théorie héliocentrique de l'univers et d'y régler l'observation des astres. En 1590, de nouvelles perspectives s'ouvrent aux chercheurs grâce à l'invention presque simultanée de la lunette astronomique et du microscope.

À la fois art et technique, l'architecture connaît de profondes mutations. À la forteresse médiévale, ceinte de remparts et percée de meurtrières, se substitue l'agréable château renaissant. De pierre blanche et de marbre clair, celui-ci élève ses tourelles ouvragées au milieu d'un parc dessiné, non loin d'un bosquet giboyeux ou d'un plan d'eau. Ses larges croisées s'ouvrent sur le monde, et ses terrasses, dévolues à la promenade, couronnent ses toits. En France, parmi les projets d'envergure du siècle, les châteaux de la Renaissance font concurrence aux cathédrales. Les plus majestueux ponctuent le cours sinueux de la Loire et arborent les beaux noms d'Amboise, de Blois, de Chenonceaux et de Chambord.

Les arts

Jusqu'au milieu du XVIe siècle, l'évolution de la musique se perçoit surtout dans les œuvres religieuses. Les messes de l'Italien Palestrina (1525-1594) et de l'Espagnol Victoria (1549-1611), à l'écriture riche et complexe, offrent de purs chefs-d'œuvre à la polyphonie. Elles rivalisent de hardiesse avec celles du Franco-Flamand Roland de Lassus (1532-1594). Ce dernier s'adonne avec un égal bonheur au genre prisé de la chanson française, là où excellent déjà les Clément Janequin (1485-1558), Claudin de Sermisy (1490-1562), Nicolas Gombert (1500-1555), Claude Goudimel (1520-1572) et Claude Le Jeune (1530-1600). Tous ces compositeurs mettent en musique les poèmes de leurs contemporains. En règle générale, les mouvements littéraires renaissants, et la Pléiade en particulier, revendiquent des liens étroits entre

Le château de Chambord.

musique et poésie. Les auteurs conçoivent rarement une œuvre sans un support musical. Si la chanson appartient *ipso facto* au domaine de la musique, le son perlé du luth rehausse fréquemment le chant triste et mélancolique du sonnet.

Enfin, l'activité artistique de la Renaissance ne saurait être complète sans une évocation de l'art de la peinture, marqué durablement par l'influence italienne et la mise en application des lois mathématiques de la perspective. Léonard de Vinci, Michel-Ange (1475-1564), Raphaël (1483-1520) et le Titien (1490-1576) peignent au cours du siècle des tableaux de maître, sources d'inspiration pour Jean Clouet (1485-1541), portraitiste officiel de François Ier, et pour les toiles d'esprit galant du Primatice (1504-1570) et du Rosso (1495-1540) de l'école de Fontainebleau.

LA LITTÉRATURE

Les influences antiques et italiennes

Les écrivains de la Renaissance admirent les poètes de l'Antiquité et les considèrent comme des modèles incomparables. Plus que les poètes grecs, ce sont les œuvres latines d'Horace (65-8 av. J.-C.), d'Ovide (43 av. J.-C. — 17 apr. J.-C.) et surtout de Virgile (70-19 av. J.-C.) qui alimentent l'inspiration poétique du siècle. Peu enclins à l'imitation servile, les poètes renaissants renouent avec l'idéal de beauté et de perfection des Anciens. Dans leur quête, ils se trouvent guidés par le premier des grands humanistes de l'histoire, l'écrivain et philologue Francesco Pétrarque (1304-1374). Ce poète visionnaire fréquente dans sa jeunesse les milieux intellectuels d'Avignon et y rencontre Laure, muse emblématique de sa poésie. Son *Chansonnier*, vaste recueil de 366 poèmes peaufinés pendant plus de 40 ans, exprime par la complainte amoureuse la solitude humaine et l'incapacité, même pour le croyant, de résister aux attraits factices de la vie terrestre. Pétrarque accomplit ainsi la synthèse des legs antique et médiéval en unissant les thèmes de l'amour éthéré et de la femme idéale. Soucieux des règles, il impose une fois pour toutes le sonnet comme forme poétique par excellence. Ainsi donne-t-il naissance au pétrarquisme, vision esthétique dont les images et les procédés, abondamment commentés dans tous les cercles d'Europe, déchaînent les passions. Pétrarquistes et anti-pétrarquistes ne se privent pas pour imiter ou contester jusqu'à la valeur philosophique ou spirituelle des œuvres du célèbre Florentin. Adulé par les uns et rejeté par les autres, le pétrarquisme devient dans la France du XVIe siècle un véritable phénomène culturel.

Les genres littéraires

Durant la Renaissance, les écrivains sont plongés dans un débat religieux. Les écrits polémistes suscitent même la rupture, consommée après 1550, de l'humanisme et de la Réforme. Jean Calvin (1509-1564) met au service de cette dernière la force de son style clair et finement ciselé. À l'autre bout du siècle, saint François de Sales (1567-1622) présente un visage souriant de la foi catholique.

Le théâtre de la Renaissance, souvent allégorique et religieux, se dégage mal de la scène médiévale. *Les Juives*, tragédie de Robert Garnier (1544-1590), ne fait pas le poids devant les chefs-d'œuvre de l'Anglais Shakespeare (1564-1616) et de l'Espagnol Lope de Vega (1562-1635).

L'histoire et les mémoires, genres littéraires, connaissent un essor favorisé par la montée de l'individualisme. Dans son recueil *Vie des dames galantes*, Brantôme (1538-1614) narre de pétillantes intrigues de cour, cependant que, dans ses *Commentaires*, Monluc (v. 1500-1577) raconte les campagnes d'Italie et les périls de la vie militaire. La fiction en prose adopte tantôt le ton de la chronique, tantôt celui plus truculent des fabliaux médiévaux ou des nouvelles de Boccace (1313-1375). C'est le cas de *L'Heptaméron* de Marguerite de Navarre et de l'épopée gargantuesque et pantagruélique de Rabelais, truffée de hauts faits d'armes et d'anecdotes. Sous le couvert bon enfant du rire et du conte, ces œuvres recèlent une morale qui les arrime au giron humaniste. En dépit des succès de la prose, la poésie impose son empire sur le siècle.

L'école marotique

Au tout début du siècle, les grands rhétoriqueurs, poètes officiels de la cour, devisent de pétrarquisme et considèrent les règles formelles de la poésie supérieures à l'inspiration proprement dite. La génération suivante, celle du règne de François Ier, vise plus de spontanéité. Autour de Marguerite de Navarre s'organise une intense activité culturelle. Au milieu des crises du pouvoir et des luttes religieuses, la reine de Navarre se consacre aux choses de l'esprit. Elle tient salon[1] à la cour de France, tout comme elle le fera plus tard dans sa retraite de Nérac, et reçoit savants, médecins, politiques et hommes de lettres. Elle correspond avec la plupart des grands humanistes de son temps. Sur le plan strictement littéraire, Marguerite de Navarre reconnaît le génie supérieur de son secrétaire, Clément Marot. Avec quelques privilégiés, elle participe à l'école marotique, sorte de foyer littéraire sans prétention où chaque membre essaie, dans de courts poèmes, d'imiter les chefs-d'œuvre de Marot. De nature indépendante, François Rabelais rencontre néanmoins Clément Marot à Ferrare, tous deux alors en exil. L'auteur de *Pantagruel* sera l'un des premiers lecteurs du *Beau Tétin*, le célèbre blason de Marot. Il se montre aussi très sensible à l'attraction culturelle et artistique déployée par la reine de Navarre. Celle-ci intervient en 1546 auprès du roi, son frère, pour obtenir un privilège d'impression[2]. Elle en est remerciée par Rabelais qui lui dédie son *Tiers Livre*.

La Pléiade

Selon la légende, l'aventure du cercle poétique le plus célèbre de la Renaissance française débute dans une auberge des environs de Poitiers. En 1546 ou 1547, Joachim du Bellay, âgé de 24 ans, y croise le jeune Pierre de Ronsard. Ce dernier a suivi les leçons privées de l'helléniste Jean Dorat, mais Du Bellay le convainc d'assister aux cours du maître au collège de Coqueret, à Paris. Sous l'égide de Dorat, les deux jeunes érudits découvrent, traduisent et imitent les Grecs et les Latins. Ils revendiquent peu à peu la supériorité du français en littérature. Autour de Ronsard et Du Bellay, les poètes en herbe du collège montent à l'assaut des idées reçues en fondant la Brigade, premier nom de la Pléiade, mouvement poétique qui s'impose entre

---

1. salon : lieu de rencontre entre nobles cultivés, artistes et penseurs. « Tenir salon », c'est être l'hôte de ces rencontres, les favoriser et y attirer les grands esprits.
2. privilège d'impression : privilège octroyé par le roi qui permet au bénéficiaire de publier ses œuvres. À la Renaissance, la liberté d'expression est subordonnée à l'autorité royale. La parution des livres se trouve censurée par l'octroi ou le refus du privilège d'impression.

1550 et 1580. Ce foyer littéraire, Du Bellay en traduit les principes, dès avril 1549, dans une *Deffence et illustration de la langue françoise*. L'indignation soulevée par cette « bombe » littéraire chez les poètes officiels de la cour décuple l'enthousiasme de la jeune troupe.

Du Bellay, qui compose dans la hâte son manifeste, ne vise rien de moins que de réformer l'art poétique. Il revendique la nécessité de défendre le français contre ses détracteurs et d'illustrer ses qualités en le dotant de joyaux littéraires comparables à ceux que recèlent les poésies latines et italiennes. Pour y parvenir, il décrète le devoir d'enrichir le vocabulaire par l'adjonction d'emprunts à la langue médiévale (*ajourner, assener*, etc.), aux dialectes provinciaux et au langage technique des métiers. Il apprécie de plus l'usage de mots composés et de dérivés du latin (*exceller, inversion, révolu*, etc.) et du grec (*ode, lyrique, périphrase*, etc.). Enfin, il propose aux écrivains d'employer des verbes à l'infinitif et des adjectifs comme des noms (*l'étudier, le vivre, l'aimer*; *le frais de l'ombre, le rouge des joues*, etc.) et d'user de figures de style inspirées et originales. La rime sera riche, et d'autant plus riche que le vers se prolonge. L'alternance des rimes masculines et féminines mérite l'attention, mais ne sacrifie jamais la clarté du propos. Enfin, le sonnet de Pétrarque devient la référence de l'œuvre moderne.

Parmi les membres de la Brigade, Ronsard distingue une élite de sept écrivains dont les productions constituent l'aboutissement fécond de la Pléiade, nom inspiré d'une constellation de sept étoiles et d'un groupe de tragédiens de l'antique Alexandrie. Outre lui-même et Du Bellay, les sept membres de la Pléiade sont Jean Antoine de Baïf, Pontus de Tyard, Étienne Jodelle, et alternativement Jean de la Péruse, Rémi Belleau, Guillaume des Autelz et Jacques Peletier du Mans. Jean Dorat en est président d'honneur.

L'école lyonnaise

Important carrefour européen du commerce et des idées et foyer intellectuel situé à égale distance entre Paris et l'Italie, Lyon compte, au XVIe siècle, une bourgeoisie active et cultivée. L'élite de la cité fonde vers 1535 une école poétique pour rivaliser avec les cercles raffinés de la cour de France. L'influence culturelle de la ville atteint alors son apogée. À cette époque, Marguerite de Navarre y séjourne longuement et participe à son effervescence littéraire. Il ne s'agit pas exactement d'une « école » au sens où des principes esthétiques sont imposés. La « Pléiade de Lyon », comme on la surnomme parfois, prête son enthousiasme aux recherches formelles. La parfaite connaissance des chefs-d'œuvre de l'Antiquité par l'élite de la cité stimule la création d'un art original. Volontiers hermétiques, les productions accusent parfois un obscur symbolisme et une certaine aridité, notamment chez Antoine Hérouët et Maurice Scève. Cependant, les tendres poèmes de Pernette du Guillet et les brûlants *Sonnets* de Louise Labé incarnent les plus hautes qualités de l'école lyonnaise.

Le sage dans la tourmente

Au milieu des guerres civiles qui ravagent la France pendant le dernier tiers du xvie siècle, l'élan et l'optimisme de l'expression humaniste se trouvent freinés. Au sein d'une société déchirée, maints penseurs et artistes se livrent à des œuvres de propagande : à *La Franciade* de Ronsard, une épopée de la France catholique, répond *Les Tragiques*, une somme poétique du protestant Agrippa d'Aubigné (1552-1630). Dans la confusion de ces clameurs discordantes s'élève la voix la plus sage et la plus sereine du siècle, celle de Michel Eyquem de Montaigne. Dans les *Essais*, genre littéraire inventé par l'auteur, ce dernier se livre à une synthèse personnelle et précieuse de l'héritage humaniste du siècle.

L'ABBAYE DE THÉLÈME.

TABLEAU PAR PAUL JOUNARD.

la feü reine de nauare
marguerite

PORTRAIT DE MARGUERITE DE NAVARRE.

LES ŒUVRES EXPLIQUÉES

Les Sept Grands

MARGUERITE DE NAVARRE (1492-1549)

Repères biographiques

1492. Au printemps d'une année phare marquée par la découverte de l'Amérique, Charles d'Orléans, comte d'Angoulême, et Louise de Savoie donnent naissance à la petite Marguerite. De deux ans l'aînée de son frère, le futur François Ier, elle lui est très liée dès l'enfance. Les enfants de la couronne partagent en effet leurs jeux dans les parcs des châteaux de Blois et de Cognac et, à la mort du père en 1496, c'est Louise de Savoie qui veille jalousement à leur éducation. Celle-ci leur apporte une vaste culture. Marguerite apprend les langues, l'histoire et la rhétorique. La jeune fille plonge son âme tout entière dans les enseignements de la foi, y puisant les ressources spirituelles d'un profond et sincère recueillement.

De par son haut lignage, la princesse est l'objet de tractations matrimoniales et politiques. En 1509, à 17 ans, Marguerite d'Angoulême devient duchesse par son mariage, sans amour, avec le duc Charles d'Alençon. Aussi demeure-t-elle le plus souvent auprès de son frère, devenu roi de France en 1515. Tous deux, avec leur mère, forment un véritable triumvirat dont l'influence marque positivement la première décennie du règne de François Ier. Marguerite partage alors son existence entre la spiritualité et les affaires sociales, profitant des longues absences de son mari et de son frère partis au front — nous sommes à l'époque des guerres d'Italie — pour nouer d'étroites relations avec des penseurs et des théologiens, dont l'évêque de Meaux, Guillaume Briçonnet. Avec eux, elle découvre les pensées luthérienne et calviniste qui, par bien des aspects, représentent une menace pour l'autorité de l'Église de Rome. Marguerite, pieuse mais lucide, et surtout curieuse, fait traduire les textes de Luther et cherche à mettre en lumière les concordances plutôt que les divergences des deux religions. Elle acquiert ainsi la modération et l'ouverture d'esprit propres à l'évangélisme. Depuis 1519, elle s'est attaché les services d'un secrétaire particulier, Clément Marot, qui devient bientôt une figure éminente de la poésie française. Une longue et fructueuse collaboration s'instaure entre les deux écrivains. Marguerite dicte, Marot transcrit, non sans commenter. Naît ainsi une complicité spirituelle et artistique, toute platonique.

En 1525, Marguerite perd son époux. François Ier, moins chanceux qu'à Marignan, 10 ans plus tôt, perd la bataille de Pavie, et son rival, Charles Quint, le fait prisonnier. Marguerite se rend à Madrid et intercède pour son frère auprès de l'empereur. En 1526, elle le fait libérer, moyennant une rançon dont François et Henri, ses neveux, deviennent les garanties. C'est le traité de Madrid. Les fils de François sont maintenus en captivité pendant quatre années, jusqu'au versement intégral de la rançon.

Nous sommes à l'aube des guerres de Religion. L'intolérance couve. Les écrits, parcimonieusement édités de Marguerite de Navarre, sont encore plus discrètement diffusés, tant la faculté de théologie de Paris se fait menaçante. En janvier 1527, après deux ans de veuvage, Marguerite d'Alençon épouse le roi de Navarre, Henri d'Albret. Cette fois, le mariage en est un d'amour. En novembre 1528, peu avant les frasques d'infidélité de l'époux, jouisseur et débauché, Marguerite met au monde, à 36 ans, la petite Jeanne et, en 1530, un garçon, Jean, qui ne survivra pas. Un an plus tard, à la mort de sa mère Louise, elle connaît quelques déboires à la cour; ses relations avec son frère se refroidissent. Marguerite n'a plus sur lui l'ascendant dont elle jouissait jusqu'alors. En 1534, le scandale des Placards éclate et le roi durcit le ton à l'endroit de sa sœur qui protège des hérétiques. Marguerite préfère s'éloigner de la cour. Elle et son mari s'installent en leur domaine de Nérac dans le sud de la France. Marguerite de Navarre y réside un temps, entourée de savants et de lettrés, accueillant les réfugiés en butte à la répression. Marot séjourne ainsi au château, et peut-être même Jean Calvin, du moins le suppose-t-on.

La campagne militaire de 1536 mène le roi à Lyon où Marguerite séjourne depuis quelques mois. Elle se retrouve une fois de plus aux côtés de son frère. Cependant, une nouvelle brouille vient ternir leurs retrouvailles. François refuse pour Jeanne, la fille de Marguerite, une alliance avec l'infant Philippe, fils de Charles Quint, qui gratifierait le royaume d'une Navarre reconstituée. Le roi caresse d'autres projets pour sa nièce qui épouse le duc de Clèves en 1541. Marguerite, dépitée, ne reparaîtra qu'en de rares occasions à la cour. À partir de 1542, elle peut se consacrer entièrement à ses travaux d'écriture. Lors d'un séjour à Lyon, en mars 1547, elle apprend la mort de son frère. C'est un choc terrible. Bien qu'elle ne se départisse pas d'une attitude sereine et enjouée, la reine atteint une forme de quiétisme moral et se détache peu à peu du monde. Déçue des mariages successifs de sa fille Jeanne, elle se borne à voyager dans ses terres avant de se retirer au château d'Odos où elle s'éteint le 21 décembre 1549.

L'œuvre expliquée

Une œuvre trop méconnue

Marguerite de Navarre, l'un des grands esprits de son temps, s'avère la première femme à marquer de son influence le XVIe siècle politique et culturel. Sa position de conseillère du roi et la protection qu'elle dispense — non sans risques — aux penseurs, savants, théologiens, humanistes et gens de lettres nourrissent pendant de nombreuses années son expérience de vie. Malgré la valeur de son érudition et l'originalité de son humanisme souriant, Marguerite de Navarre demeure longtemps dans l'ombre des poètes masculins de la Renaissance. Le meilleur de son œuvre ne sera connu que plusieurs siècles après sa mort, ce qui explique la place de second ordre où l'ont tenue jusqu'à tout récemment les historiens de la littérature. Des nécessités diplomatiques, une foncière prudence et des positions politiques et religieuses modérées, tout incite la reine de Navarre à l'autocensure. Elle hésite à publier une œuvre, reconnue de son cercle intime, parce qu'elle craint qu'une fois lancée dans le monde celle-ci suscite la controverse. Bien que la reine aborde tous les genres connus de son temps — poésie, prose narrative, théâtre, écrits mystiques, mémoires — , elle s'interdit d'en livrer certaines facettes, notamment sa poésie galante et les nouvelles profanes qui composent *L'Heptaméron*. Elle ne cède à l'imprimeur que ses textes les plus mystiques, gagnant ainsi la réputation d'âme pieuse, et même sévère, dans sa foi évangélique. Les témoignages de contemporains soulignent pourtant sa joie de vivre et son tempérament aimable et simple.

Les œuvres mystiques et les œuvres poétiques

Les premiers écrits mystiques de la reine, accordés à l'évangélisme, demeurent longtemps dans ses tiroirs. En 1533, la Sorbonne tente même de censurer une édition du *Miroir de l'âme pécheresse*. Après l'affaire des Placards, Marguerite de Navarre, par prudence, met un frein à sa carrière littéraire et se borne à glisser, dans des recueils collectifs, de courts poèmes sur l'amour. Ceux-ci ne seront découverts et publiés qu'en... 1896! Dans les dizains, de ton léger, est tour à tour adopté le point de vue de l'homme et de la femme livrés au jeu de la séduction. Dans *Un ami vif vint à la dame morte...*, une femme maintient son droit de renoncer à l'amour, en dépit de l'insistance importune d'un galant. À l'inverse, *J'aime une amie entièrement parfaite...* exprime la tristesse sincère de l'amoureux transi. *Elle m'a dit: «Par refus ou tourment...* présente une situation plus tendue, où le désir frôle le recours à la violence. Or, le séducteur refuse la satisfaction du désir aux dépens de la pureté des sentiments. *Il pensait bien brûler son chaste cœur...*, dizain publié ici pour la première fois depuis 1896, reprend le thème de *Un ami vif vint à la dame morte...* et accorde le droit à la femme de rejeter l'amour d'un simple regard. Enfin, bien avant les théories modernes de la psychologie, *Plus j'ai d'amour, plus j'ai de fâcherie...* suggère à l'amoureux déçu de ne pas taire son malheur, mais d'en parler autour de lui pour soulager sa douleur.

À partir de 1542, Marguerite de Navarre s'emploie à diversifier sa production littéraire. En 1547, deux ans avant sa mort, elle choisit et réunit divers textes pour créer le recueil intitulé *Les Marguerites de la Marguerite des princesses*[1], notamment *Les Prisons*, tapisserie poétique complexe, *La Coche*, fine conversation de trois femmes sur l'amour et, surtout, les *Chansons spirituelles*, poèmes d'une rare puissance expressive. La deuxième chanson de ce recueil, *Autres pensées faites un mois*

---

1. Le titre du recueil s'explique par la triple acception de «Marguerite»: à la fois prénom de la reine, bouquet des fleurs homonymes et «perle», la signification latine de *marguerita*.

après la mort du roi, est une déploration poignante sur la mort de son frère François Ier. Dans une succession de sixains, c'est un cri déchirant que laisse percer le style ailleurs si retenu de la reine de Navarre. Ceux qui ont connu l'épreuve douloureuse de la mort d'un proche reconnaîtront ici l'épanchement des larmes devant la dépouille de l'être cher et le souhait de voir sa propre mort mettre un terme à toute souffrance. Ce désir de mort transparaît aussi dans le *Huitain composé par ladite dame auparavant sa mort*, une épitaphe du désespoir.

L'Heptaméron

Dès 1542, à la cour de Nérac, par manière de délassement, Marguerite de Navarre se plaît à raconter de petits récits devant parents et amis réunis. Sa vie durant, elle s'est intéressée au perpétuel conflit de la chair et de l'esprit. Son talent à décrire les amoureux, sans donner l'avantage à l'un ou l'autre des sexes, témoigne de sa juste connaissance du cœur humain et de son sens aigu de l'observation : toutes qualités que renferme son œuvre maîtresse, *L'Heptaméron*.

Devant le succès remporté par ces contes auprès d'un auditoire privilégié, la reine envisage de les laisser en héritage. De ce témoignage littéraire, elle conçoit un ambitieux recueil de 100 nouvelles, équivalent français du *Décaméron* (1349) de Boccace. Le chef-d'œuvre italien, en faveur depuis près de deux siècles, suscite en France, dès le xve siècle, de nombreuses imitations, dont l'imposant recueil des *Cent nouvelles nouvelles*. Dix ans après la disparition de Marguerite, Claude Gruget, un valet de sa maison, édite l'œuvre. Malheureusement, il se permet de modifier le nom des personnages, de tronquer des nouvelles et de biffer toutes les allusions à la foi évangélique de la reine. Il faut attendre 1853 pour lire le texte intégral, établi d'après les manuscrits ! Gruget coiffe aussi l'œuvre de son titre qui, traduit du grec, signifie « sept (*hepta*) jours (*hêmera*) ». La mort empêche en effet Marguerite de compléter son ouvrage ; seulement 72 des 100 nouvelles projetées auront été dictées[1]. Le titre de l'éditeur se justifie donc puisque la huitième journée n'est qu'entamée, et non complétée.

---

1. Faut-il préciser que Marguerite de Navarre ne tient jamais la plume, mais qu'elle dicte ses œuvres à son secrétaire ?

Sous l'influence du fabliau médiéval, le genre littéraire de la nouvelle s'en dégage progressivement au cours du xvie siècle et cherche à représenter la réalité au lieu d'exploiter la veine caricaturale. La nouvelle se rapproche en fait de l'acception encore courante du terme. Elle vise avant tout à informer le lecteur d'une rumeur, d'un événement, d'un fait vécu troublant et surprenant. C'est en somme une échappée sur le monde, certes un peu romancée, mais sans exagération ni atermoiement. Tous les récits de la reine de Navarre ne sont pas des modèles du genre, peu s'en faut. Quand l'inspiration provient de Boccace ou de textes médiévaux, l'original s'avère presque toujours supérieur à la copie. Mais quand il s'agit de puiser des anecdotes dans les chroniques de cour ou de ville, *L'Heptaméron* crée ses plus grandes réussites ; l'enchaînement fluide des péripéties, la netteté du trait et la finesse des développements psychologiques font merveille dans ces tableaux vivants des mœurs françaises de la Renaissance.

Obéissant au modèle du *Décaméron*, les 72 récits de *L'Heptaméron* se trouvent enchâssés dans un récit principal. Au retour d'une cure aux eaux de Cauterets, 10 gentilshommes et nobles dames sont surpris par l'orage et des pluies diluviennes — comme en connut réellement cette région des Hautes-Pyrénées en septembre 1546. La crue des eaux coupe la route aux voyageurs contraints de se réfugier dans une abbaye. Pendant qu'ils attendent la mise en place d'un pont, ils passent les longs après-midi à se conter des histoires, à les commenter et à en discuter. Cette alternance de récits et de débats structure *L'Heptaméron*. Chaque « devisant », comme les appelle Marguerite de Navarre, tire un enseignement du récit conté, et ses commentaires sur le comportement du héros ou de l'héroïne ne manquent pas de soulever les passions de l'auditoire. Rares sont les nouvelles qui reçoivent l'assentiment général ; elles déchaînent plutôt la guerre des sexes.

La rivalité et les responsabilités de l'homme et de la femme dans l'amour constituent le thème premier de *L'Heptaméron*. Dans le cadre raffiné d'une conversation mondaine, cinq dames — Oisille, Parlamente, Longarine, Ennasuite et Nomerfide — s'opposent à cinq gentilshommes — Hircan, Simontaut, Saffredent, Géburon et

Dagoucin[1]. Elles se révèlent supérieures à ces messieurs. Leur argumentation pertinente et leur sens de l'analyse plus poussé prouvent de belle manière l'intelligence et la sagacité de la femme à une époque où celle-ci est en règle générale peu estimée. Néanmoins, Marguerite de Navarre ne sacrifie pas à un sexisme primaire. Elle laisse aux hommes, et même parfois aux femmes, le soin de démontrer que les mâles ne cèdent pas tous à la sottise, à l'ignorance ou à la brutalité, et que certaines femmes se transforment à l'occasion en monstres d'égoïsme et de stupidité.

La *Deuxième nouvelle*, l'une des plus célèbres du recueil, met en scène une femme du peuple. Contrairement à l'usage, ce type de personnage ne s'inscrit pas ici dans le registre de la farce, mais devient l'héroïne d'une tragédie domestique d'autant plus émouvante qu'elle est tirée d'un fait vécu. À son auditoire, assis sur l'herbe tendre, Dame Oisille raconte le viol et le meurtre, par un valet de la maison, de la femme du muletier de la reine de Navarre[2]. La présence d'une petite fille, témoin infortuné des événements, ne permet guère de douter de l'exactitude des faits. La morale, dans un même souci de vraisemblance, laisse entendre que Dieu n'intervient pas dans les affaires des hommes. Aussi cruel que soit le crime commis, le valet ne connaît aucun châtiment. La conteuse propose plutôt que toute femme prenne en exemple cette modeste muletière de si haute vertu.

La *Dix-huitième nouvelle*, par le bavard, débauché et hâbleur Hircan, se veut une démonstration de la fidélité et de l'innocence de l'homme amoureux. Pour donner quelque vraisemblance au récit, le héros en est un tout jeune homme. La nouvelle doit beaucoup au fonds inépuisable de la littérature courtoise. Parfait chevalier servant, le jeune seigneur obéit aveuglément aux commandements de sa dame. En fait, il observe si parfaitement les moindres caprices de la belle qu'il suscite sa jalousie, si bien que la dame finit par le pousser

---

1. D'aucuns suggèrent de voir dans ces noms étranges les pseudonymes de familiers de la reine de Navarre. Oisille serait sa mère, Louise de Savoie ; Hircan, son mari, Henri de Navarre ; Parlamente, animatrice des débats, serait Marguerite elle-même.

2. Par narrateur interposé, Marguerite de Navarre évoque malicieusement sa propre personne dans quelques nouvelles.

littéralement dans le lit d'une jolie jeune fille. Cela vaut au lecteur un croustillant passage d'alcôve et de nudité, un exemple de ce qui, en d'autres temps, a condamné *L'Heptaméron* au rayon de la littérature grivoise.

Pour assouvir son désir, tout en conservant sa réputation, la Jambicque de la *Quarante-troisième nouvelle* se livre à un subterfuge grâce auquel elle profite du corps de son amant sans dévoiler sa propre identité. Le gaillard, assez fat et peu prudent, ne se satisfait pas de jouir en secret d'une belle inconnue. Malgré l'interdit, il veut savoir qui s'offre à lui. Mal lui en prend, car la Jambicque accorde plus de valeur à son renom qu'à ses amours. L'anecdote, que raconte ici le « devisant » Géburon, est authentique. Si l'identité de Jambicque reste inconnue, son serviteur serait le seigneur de Chastaigneraie, tué des années plus tard lors d'un célèbre duel, où il reçut un coup de Jarnac (nom donné depuis à cette hypocrite attaque par derrière).

Pendant la sixième journée, Simontaut donne la preuve que les hommes savent apprécier la valeur de certaines femmes. Sa *Soixante-septième nouvelle*, une anecdote elle aussi véridique, se déroule en Nouvelle-France. Un homme, abandonné par châtiment sur une île de l'estuaire du Saint-Laurent, tente d'y survivre avec sa femme qui lui est toute dévouée. L'époux meurt, mais sa femme survit grâce à sa ferveur religieuse. Recueillie des années plus tard par un vaisseau de passage, elle rentre en France où sa conduite impose le respect et la considération. Le récit interroge à la fois la légitimité et la puissance du sentiment amoureux allié au sacrifice.

Portrait de Rabelais.

François Rabelais (1483 ou 1494?-v. 1553)

Repères biographiques

François Rabelais, né de père avocat à la métairie de La Devinière, non loin de Chinon, passe sa prime enfance dans cette Touraine qui influence toute son œuvre. De ses premières études, rien n'est connu avec certitude. Vers 1510, il entre comme novice au couvent de la Baumette près d'Angers. Onze ans plus tard, il est franciscain au couvent du Puy-Saint-Martin, en Vendée, où il sera ordonné prêtre. Rabelais manie le grec et traduit le latin. En 1524, le grec est mis à l'index par la faculté de théologie de Paris. Qu'à cela ne tienne, Rabelais, sous la protection de l'évêque Jeoffroy d'Estissac, quitte l'ordre des franciscains pour celui des bénédictins, d'esprit plus libéral. À titre de secrétaire particulier de l'évêque, il s'installe dans le Poitou à l'abbaye de Saint-Pierre de Maillezais. Notre moine y coule des années studieuses, empreintes de rhétorique. Il parfait ses connaissances du droit à la faculté de Poitiers et compose ses premiers vers en français. C'est aussi à cette époque qu'il est confronté aux polémiques opposant le catholicisme de Rome à la Réforme.

À partir de 1528, Rabelais est tour à tour étudiant à Bordeaux, à Toulouse, à Orléans et, bien sûr, à Paris. Entre-temps, il troque son habit de moine pour celui de prêtre séculier. Cette laïcité lui permet d'épouser une veuve et de fonder une famille. En septembre 1530, il s'inscrit à la faculté de médecine de Montpellier où il obtient son baccalauréat en moins de trois mois. Dès l'année suivante, il est chargé de cours et commente la médecine de l'Antiquité avant d'exercer à l'Hôtel-Dieu de Lyon jusqu'en 1535. Dans ce haut lieu du savoir, il se lie à l'éditeur Étienne Dolet et publie des œuvres médicales et juridiques. Son ouverture d'esprit et sa foi chrétienne, loin d'être antinomiques, favorisent son sens critique et un appétit de changements, dignes de ses héros, Pantagruel et Gargantua, dont il amorce alors le cycle des chroniques. Il se lance également dans la publication d'un almanach bouffon dans lequel il se moque des prédictions et superstitions en vogue. L'année 1537 marque la fin de ses études de médecine et l'obtention successive d'une licence et d'un doctorat de la faculté de Montpellier. Fort de sa réputation de médecin, Rabelais exerce à Turin de 1540 à 1543. Il se trouve alors au service de Guillaume, frère du cardinal Jean du Bellay, et il accompagne ce dernier à Rome à trois reprises. Lors de ces voyages, il prend le temps d'approfondir sa connaissance de l'art antique, de l'archéologie, de la botanique et… des mœurs pontificales assez légères qu'il se permet de railler dans ses œuvres ultérieures. Une absolution de Paul III l'autorise cependant à pratiquer la médecine et à retrouver l'habit de bénédictin.

À partir de 1545, Rabelais détient, grâce au roi, un privilège d'impression et peut publier librement ses livres. Voilà une grande consécration pour un humaniste. Rabelais en profite pour apporter des corrections et des variantes à ses œuvres du passé afin de ne plus subir les coups de la censure. C'est peine perdue, car dès leurs rééditions, les œuvres subissent des condamnations réitérées de la faculté de théologie de la Sorbonne[1]. Au cours d'un ultime voyage à Rome, en juillet 1547, Rabelais se charge d'une mission diplomatique auprès de princes protestants. L'exécution de l'éditeur protestant Étienne Dolet, un de ses proches amis, lui commande la prudence et le met en quête de protecteurs. En 1549, désormais célèbre, Rabelais rédige le *Sciomachie,* une description des splendides fêtes qui marquent la naissance du second fils d'Henri II. Pour l'en remercier, le privilège royal de libre impression lui est renouvelé pour 10 ans. Mais notre humaniste essuie les virulentes attaques provenant aussi bien de Calvin que des membres de la Sorbonne. C'est pourquoi, sous la protection du cardinal de Châtillon, il se retire de la vie active vers 1550. Il ne vit plus que de ses cures et, à celle de Saint-Maur-des-Fossés, plus paisible, il poursuit le remaniement de ses œuvres et en produit de nouvelles. Trois ans plus tard, Rabelais résigne ses cures, et ses derniers mois, vraisemblablement coulés à Paris, conservent leur mystère. Si l'on prête foi aux documents produits à son décès, il se serait éteint dans la capitale vers le

---

1. Sorbonne : université et centre d'études théologiques de Paris. Du temps de Rabelais, l'institution détient la plus haute autorité religieuse après celle du pape. Elle juge et peut excommunier les hérétiques à son tribunal ecclésiastique.

début de l'année 1554, à l'âge de 70 ans, une longévité bien au-dessus de la moyenne de l'époque.

L'œuvre expliquée

Les récits populaires au service de l'humanisme

François Rabelais vit à une époque où liberté d'expression et contestation sont interdites, le pouvoir ne tolérant aucune critique. Impossible de critiquer l'inefficacité des institutions et la corruption des dirigeants. À une époque où le bûcher est une funeste réalité pour les hérétiques et les rebelles, l'écriture permet difficilement les révélations et les scandales, même dans les œuvres destinées à l'élite intellectuelle. Après avoir publié plusieurs ouvrages savants en latin, Rabelais reconnaît en outre que ceux-ci reçoivent trop peu d'échos dans le grand public qui se délecte plutôt de récits manichéens où s'agitent géants, saints et êtres maléfiques. L'homme du peuple se jette sur les almanachs et les ouvrages divinatoires. Sous ces genres populaires auxquels aucune valeur esthétique n'est concédée, n'y a-t-il pas là un moyen de railler l'autorité et de suggérer de nouvelles valeurs? Adepte de l'évangélisme et scientifique notoire, Rabelais conçoit la possibilité de critiquer l'Église, la Justice et l'Éducation; ces institutions ignorent dans leur fonctionnement interne les valeurs qu'elles prônent aux yeux du monde. Il entend rire de cela dans une œuvre populaire, écrite en français, reprenant les poncifs de la littérature de colportage qui se marchande sur les places publiques.

La naissance du cycle rabelaisien: *Pantagruel*

En 1532, à la foire de Lyon, Rabelais s'étonne tout particulièrement du succès d'un roman de chevalerie intitulé *Gargantua*. Il s'en vend, selon ses dires, plus d'exemplaires en deux mois que de bibles en neuf ans! L'auteur, anonyme, y reprend sans beaucoup d'originalité les aventures d'un héros gigantesque bien connu depuis le Moyen Âge. Rabelais, dans le but avoué de faire de l'argent, mais aussi dans sa volonté bien arrêtée de répandre les idées humanistes qui lui sont chères, compose une suite aux chroniques de Gargantua. Il donne au géant un fils qu'il baptise Pantagruel, un nom désignant jusque-là un lutin malicieux de la tradition médiévale qui verse du sel dans la bouche des ivrognes pour les inciter à boire. Rabelais en fait un jeune géant, avide de vin et de connaissances. Il lui fait accomplir un tour de France, ponctué d'escales dans les universités afin d'y écorcher le savoir scolastique et la crédulité populaire, responsables de l'ignorance et de l'obscurantisme. Dans son périple, Pantagruel croise très tôt Panurge, un jeune savant, révolté mais paresseux, qui n'hésite pas à dénigrer l'Église et qui entraîne le héros dans des aventures truffées de festins et de beuveries.

Les chroniques pantagruéliques

Pantagruel paraît en 1532, sous le pseudonyme d'Alcofribas Nasier, anagramme de François Rabelais. Immédiatement condamné par les autorités ecclésiastiques, le livre remporte néanmoins un succès considérable qui appelle une suite. Rabelais décide donc de réécrire le *Gargantua* dont il s'est inspiré au départ. Publié en 1534, sa version — commentée plus loin — connaît un accueil triomphal. Ce *best-seller* du temps prête flanc à la controverse. Peu après éclate l'affaire des Placards qui suscite la colère de François Ier et vient raffermir les positions des adversaires de l'insolent chef-d'œuvre. La véhémente condamnation qui s'abat sur lui pousse Rabelais à se taire pendant une douzaine d'années et même à faire imprimer des versions expurgées de *Pantagruel* et de *Gargantua*. Ce n'est qu'en 1546 qu'il donne un *Tiers Livre* qui reprend sur un ton moins caustique le récit de *Pantagruel* là où il l'avait laissé. En 1552 paraît le *Quart Livre*, puis un *Cinquième Livre*, posthume et en partie apocryphe, vient couronner le cycle.

Les trois derniers textes, sans surpasser le *Gargantua*, offrent des passages célèbres. Dans le *Tiers Livre*, Panurge désire se marier pour éviter de partir à la guerre, mais des devins lui ayant prédit qu'après les noces il serait battu, volé et cocu, l'homme se résout à aller consulter l'oracle de la Dive Bouteille. Dans le *Quart Livre*, Panurge oublie le voyage projeté. Il cherche plutôt à se venger d'un perfide marchand de moutons, en lui achetant une bête qu'il jette à la mer. Évidemment, le troupeau suit. Ainsi est née l'expression « comme les moutons de Panurge » qui souligne le ridicule de toute imitation servile. Plus loin, une guerre contre le peuple des Andouilles s'achève sur un massacre. Humour oblige, les Andouilles sont ressuscitées avec de la moutarde! Enfin, aux confins de la Mer glaciale, Pantagruel et son ami entendent, à la faveur d'un dégel, les paroles d'une bataille congelées dans l'atmosphère depuis un an. Le *Cinquième Livre*, plus hermétique, évoque aussi les voyages d'exploration qui occupent l'actualité contemporaine. Tout comme Jacques Cartier, Pantagruel et Panurge s'embarquent pour une longue expédition. Ils se retrouvent au pays de Quintessence à la recherche de la Dive Bouteille. Lorsqu'il la découvre, Panurge lui demande s'il doit prendre femme et l'oracle répond: «*Trinch*», c'est-à-dire «bois» ou «trinque», mot qui amorce un véritable délire poétique. Ainsi, le cycle rabelaisien se referme sur une invitation à jouir du vin et des mots.

Gargantua: le chef-d'œuvre du cycle

Le succès de *Gargantua* établit durablement la célébrité de son auteur. À l'instar des œuvres du cycle auquel il appartient, le chef-d'œuvre de Rabelais tient des chroniques épiques, du moins en apparence, car le texte s'avère une pure parodie composée d'aventures grotesques et de péripéties improbables. L'écrivain cherche ainsi à étonner son lecteur et surtout à le faire rire, tout en glissant adroitement dans son esprit les idées et les valeurs humanistes. Œuvre de propagande, *Gargantua* cache ses intentions idéologiques sous le couvert de la fantaisie débridée. Son récit ne prétend jamais au réalisme. La taille du héros, par exemple, sujette à d'invraisemblables changements, compte parmi les incohérences notoires et assumées du texte. Tantôt le géant détache les cloches de Notre-Dame de Paris ou mange des pèlerins en salade, tantôt il suit une leçon ou passe à table dans une maison aux dimensions tout à fait humaines!

Gargantua, s'il appartient au cycle, se révèle un récit autonome. Plus mûrement réfléchi que le *Pantagruel*, il en reprend les attaques contre l'éducation, la religion et les tribunaux. Le chef-d'œuvre décoche ses traits avec force, acuité et complexité dans un récit mieux composé. De fait, celui-ci propose un retour sur le passé et raconte par le menu la vie du géant Gargantua, père de Pantagruel.

Lâche à première vue, le fil de l'intrigue obéit à un plan précis. Un prologue, en forme de dizain, enjoint le lecteur à ne pas se scandaliser des propos, mais d'en rire, puisque « le rire est le propre de l'homme ». La première partie enchaîne, sur un rythme soutenu, la naissance, l'enfance et l'adolescence du héros. Rabelais en profite pour tourner en dérision à tout moment les croyances religieuses et la crédulité populaire. Ainsi, Gargantua naît par l'oreille de sa mère, Gargamelle, tout comme l'Enfant-Dieu, selon l'Église, serait issu de celle de la Vierge. Le comique faussement sérieux du passage vient du circuit anatomique, minutieusement décrit par Rabelais, qu'emprunte le bébé pour sourdre de l'orifice de l'ouïe ! Dès son avènement, le petit réclame à boire à grands cris, et un bon mot qui échappe en cette occasion à son père, Grandgousier, baptise l'enfant[1]. Ce dernier présente une complexion particulièrement forte en ce qui a trait au boire et à la défécation. Il démontre aussi une intelligence remarquable et l'applique avec sérieux à une expérimentation scatologique peu commune[2]. Rabelais ridiculise par là l'enseignement formel prodigué à l'enfant par ses maîtres scolastiques pour qui la logique prime sur la valeur et l'intérêt du sujet. Grandgousier congédie bientôt les théologiens de la Sorbonne qui gâtent l'esprit de son enfant et le confie à un maître humaniste, Ponocrates. Celui-ci fait faire à son élève, monté sur une jument gigantesque, un voyage à Paris, jalonné d'étonnants incidents[3]. Dans la capitale, le jeune Gargantua paie le snobisme des Parisiens de belle manière avant de leur voler les cloches de Notre-Dame[4]. Plus tard, Ponocrates institue un emploi du temps serré pour inculquer une éducation saine et complète à son protégé. Le programme touche aussi bien l'intellect que le physique, car la pédagogie humaniste cherche à former l'esprit par la science et les langues, et le corps par la gymnastique et la pratique des sports.

La seconde partie du *Gargantua* est consacrée à la guerre contre le cupide Picrochole. Une banale querelle entre bergers et marchands de galettes, à la frontière des royaumes de Grandgousier et du roi voisin, dégénère en conflit armé. Les troupes de Picrochole envahissent le pays et sèment la terreur. Grandgousier rappelle précipitamment son

1. Voir le texte intégral du CHAPITRE 7, page 37.
2. Voir le texte intégral du CHAPITRE 13, page 38.
3. Voir le texte intégral du CHAPITRE 16, page 44.
4. Voir le texte intégral du CHAPITRE 17, page 46.

fils de Paris. Pendant ce temps, Picrochole et ses généraux, dans un délire de pouvoir, se voient déjà maîtres du monde. Dans ce passage, Rabelais ne manque pas de condamner en bloc les militaires de carrière et les dirigeants d'État, qui légitiment la nécessité de la guerre par des justifications religieuses. À son arrivée, Gargantua mange par mégarde six pèlerins en salade[1]. Peu après les premières interventions du géant, l'ennemi essuie défaite sur défaite, en dépit de l'eau bénite dont les soldats s'aspergent. Picrochole vaincu, Gargantua confie le gouvernement du royaume à Ponocrates en attendant la majorité des enfants du roi en fuite.

Comme dans bon nombre de romans de chevalerie, *Gargantua* se termine par l'édification d'une abbaye. Les descriptions de la vie dans les murs de Thélème évoquent une société idéale fondée sur la notion du libre arbitre. La devise des lieux, le « fais ce que voudras », pose les principes, non pas du désordre et de l'égoïsme, mais de la responsabilité de chaque homme dans la saine conduite de sa vie et dans l'harmonie sociale à laquelle il doit contribuer.

Le cycle des chroniques de Pantagruel et de son père Gargantua incarne à merveille la contestation idéologique des humanistes de la première moitié du XVIe siècle. Œuvre unique dans l'histoire des lettres, où éclate le rire énorme et irrévérencieux de l'auteur, elle donne l'espoir d'un monde de paix, plus équitable, cultivé et tolérant.

---

1. Voir le texte intégral du CHAPITRE 38, page 48.

PORTRAIT DE CLÉMENT MAROT.

Clément Marot (v. 1496-1544)

Repères biographiques

Né à Cahors, dans le sud-ouest de la France, Clément Marot est fils de Jean Marot, grand rhétoriqueur de la cour de Louis XII, qui l'initie aux rudiments de son art. Après des études lacunaires, le jeune poète traduit Virgile et invente une allégorie pour les noces de François Ier et de Claude de France. Ces débuts littéraires le font remarquer du roi qui le recommande à sa sœur Marguerite d'Angoulême, future reine de Navarre. De celle-ci, il devient le secrétaire particulier en 1519. Bien qu'il se démène parfois avec verve et humour pour obtenir ses appointements[1], il traverse grâce à cette fonction les plus belles années de sa vie.

Clément Marot participe à plusieurs événements politiques de son temps et les célèbre dans des vers de circonstances. Son attitude rébarbative à l'égard de toute contrainte le conduit à de premiers démêlés avec l'Église. En février 1526, il est emprisonné au Châtelet pour avoir « mangé le lard en Carême ». Pendant sa captivité, il rédige une féroce satire du milieu carcéral, *L'Enfer*, qu'il ne publie par prudence qu'une douzaine d'années plus tard. Le 1er mai 1526, à l'occasion de la signature du traité de Madrid, François Ier le fait libérer. Le poète fait peu après la connaissance d'Anne d'Alençon, nièce de Marguerite, pour laquelle son amour tout platonique compose des élégies et des épigrammes. Puis, à la mort de son père, Marot devient valet de chambre du roi et poète officiel de la cour. Incarcéré à nouveau, cette fois à la Conciergerie, en 1527, pour avoir favorisé l'évasion de prisonniers, il doit son élargissement au roi et à la célébrité de sa plume. Suit une période d'intense production. Maître Clément poursuit assidûment son travail de chroniqueur, en parallèle à sa carrière de poète.

En octobre 1534 survient l'affaire des Placards. Rafles et perquisitions se multiplient dans la capitale. Nombre d'hérétiques périssent sur le bûcher. Depuis longtemps dans la ligne de mire du Parlement et de la faculté de théologie de Paris, Marot, accusé de luthéranisme,

---

1. appointements : Marot est secrétaire de la reine et reçoit des appointements, c'est-à-dire un salaire.

est en fait coupable d'avoir dénoncé la corruption de l'Église. Par chance, le poète se trouve à Blois. Il fuit, incapable de se prévaloir cette fois de la protection royale. Ses biens et ses manuscrits sont saisis. Arrêté et interrogé à Bordeaux, il parvient à s'échapper et se réfugie à Nérac auprès de Marguerite de Navarre. Mais les persécutions s'intensifient ; l'étau se resserre. Sous les instances de sa protectrice, Marot est contraint, en avril 1535, de s'exiler à Ferrare. En juin, il écrit à François Ier une épître sollicitant un retour en grâce. Dans l'attente de la réponse royale, il s'ouvre aux idées nouvelles de son milieu, et ses convictions réformistes s'affermissent. C'est l'époque où il partage la charge de secrétaire auprès de Renée de France, épouse du duc de Ferrare, avec le théologien Jean Calvin. Encouragé par ce dernier, Marot poursuit en ce lieu sa traduction des psaumes. Mais sa réputation de farouche luthérien le fait expulser de Ferrare en juin 1536. En juillet, le voilà à Venise. S'ensuivent quelques mois où il a la nostalgie de la cour, « sa maîtresse d'école ». Quand il obtient la permission de rentrer, il accepte donc d'abjurer publiquement ses « erreurs » devant le tribunal de Lyon.

Clément Marot n'est pas sitôt en France qu'il doit se défendre, à coups d'épigrammes, des attaques d'un obscur rimeur, un certain Sagon, qui s'est employé à ternir son image durant son exil en Italie. Marot vainc son adversaire et recouvre le lustre de sa réputation. Il peut ensuite vivre quelques années de calme, occupées à la traduction des psaumes. Entre-temps, une grande partie de ses poèmes, mis en musique par ses contemporains Goudimel et Janequin, connaissent une large diffusion. Il publie aussi certaines œuvres jugées jusqu'alors compromettantes. Lors du passage de Charles Quint à Paris, en 1540, il offre à l'empereur un manuscrit des *Trente Psaumes*. Cependant, de sévères répressions se multiplient. Des hérétiques, des protestants sont pourchassés et exécutés sans procès. Pour Marot, la réhabilitation tire à sa fin. De nouveau mis à l'index, il doit fuir et passe la Noël 1542 à Genève, où il retrouve Calvin. Peu après, ses traductions des psaumes paraissent en Suisse, mais des tracasseries d'ordre administratif l'obligent à quitter Genève. Il séjourne successivement à Annecy, à Chambéry et en Piémont. Ces mois d'errance, employés à la composition d'ultimes épîtres, se terminent abruptement quand Marot meurt à Turin en 1544.

L'œuvre poétique expliquée

Clément Marot domine la poésie française de la première moitié du XVIᵉ siècle. Lié par son père, Jean Marot, aux grands rhétoriqueurs, il se démarque du cénacle grâce à une inspiration hautement personnelle. Son style, volontiers léger, évite les allégories alambiquées de ses prédécesseurs et leurs pédantes références mythologiques. Si Marot use d'une comparaison ou d'une métaphore, il s'assure que le procédé n'étouffe pas le sentiment célébré. Du chef-d'œuvre au poème de circonstance, sa langue simple et déliée favorise les mots de tous les jours et adopte le ton élégant et fin de la conversation.

Marot fait un art de la concision. Chez lui, la brièveté du trait accroît la portée de l'expression. Certes, il sacrifie parfois à une certaine ampleur, mais quelques vers lui suffisent généralement pour évoquer un état d'âme, une circonstance, voire toute une vie. Si le souffle est bref, l'image s'impose, et la mémoire en conserve un souvenir distinct.

N'est-il pas étonnant que Joachim du Bellay s'acharne dans ses écrits à décrier Marot ? Le pamphlétaire de la Pléiade lui reproche notamment d'utiliser des formes désuètes. Or, Marot ne prétend pas révolutionner l'art poétique. Il est trop occupé à l'aimer et à le comprendre dans toutes ses manifestations. Son esprit, à l'exemple de l'humanisme naissant, se nourrit d'un large éventail d'influences : il se reconnaît une dette envers Villon, imite Virgile et Ovide, et admire Pétrarque. Son œuvre constitue un jalon essentiel entre le legs des troubadours et le renouveau esthétique de la Pléiade. Il est vrai qu'il cultive la chanson et le rondeau, mais également toutes les formes brèves pratiquées de son temps. Bien avant la Pléiade, il compose avec ses complices de l'école marotique les tout premiers sonnets français.

L'Adolescence clémentine

Entre 1528 et 1530, les poèmes de Marot suscitent un tel engouement que les éditions pirates se multiplient. Les textes falsifiés donnent à lire des idées parfois audacieuses et menacent de causer de sérieux ennuis au poète. Contraint de publier une édition officielle de ses œuvres, Marot fait paraître *L'Adolescence clémentine* en 1532. C'est un immense succès qui connaît six rééditions en deux ans.

Le titre évoque la jeunesse du poète, « clémentine » devant être pris au sens d'un adjectif de *Clément*. *Opuscules*, première partie du recueil, regroupe des œuvres d'inspiration latine ; les suivantes — *Épîtres*, *Complaintes*, *Épitaphes*, *Ballades*, *Rondeaux* et *Chansons* — annoncent simplement les genres abordés.

La *Ballade de frère Lubin* reprend un thème connu des fabliaux du Moyen Âge. Il s'agit d'une moquerie d'une légèreté irrévérencieuse à l'endroit d'un officiant du bas clergé. Du temps de Marot, « frère Lubin » est un sobriquet désignant les moines mendiants aux mœurs diluées. L'œuvre respecte au mieux la forme fixe de la ballade. Sur deux rimes, le poème compte trois couplets accompagnés d'un envoi, un quatrain à la morale parodique. Les vers comptent autant de syllabes que les couplets de vers. L'unité de l'œuvre découle de la répétition de vers qui font office de refrain : « Frère Lubin le fera bien » et « Frère Lubin ne le peut faire ». Le comique populaire de la ballade exploite la déchéance morale et progressive du « héros » cocasse.

À un poète ignorant et *De sa grand'amie* permettent de constater la diversité d'inspiration des rondeaux de *L'Adolescence clémentine*. Le premier ridiculise un écrivain ignare ; le second rend hommage à la femme aimée. Celle-ci est identifiée par la tradition à la belle Anne d'Alençon, nièce par alliance de Marguerite de Navarre. Marot respecte la structure en trois parties et l'alternance des deux rimes du rondeau, avec la répétition de vers en guise de refrain. La chanson *Secourez-moi, ma Dame, par amours…* développe la banale opposition amour/mort, mais dépasse l'élégant badinage attendu. Du fait que Marot prête à la dame une conduite cruelle, voire hypocrite, la relation amoureuse gagne en complexité. Les trois septains du poème proposent une écriture très travaillée à laquelle l'expression et le vocabulaire permettent de conserver toute sa légèreté.

Les épigrammes, les blasons et les épîtres

Sa vie durant, Marot compose près de 300 épigrammes, réunies et publiées après sa mort. Œuvre de jeunesse, *De la rose envoyée pour étrennes* illustre la fraîcheur de l'invention marotique associée à la mythologie. Après une introduction en forme de quatrain, est expliqué dans un charmant récit le pourquoi du rouge des roses. Le quatrain final, qui fait pendant au premier, revient à l'instance narrative et offre une conclusion qui unit le sentiment et la blessure d'amour. Œuvre tardive, *Huitain*, mieux connu sous le titre *De soi-même*, dresse avec concision le bilan de toute une vie. Ce tour de force élégant maintient un équilibre parfait entre les tons amusé et mélancolique.

En 1536, Marot, en exil à la cour de Ferrare, compose *Le Beau Tétin* et lance la mode du blason anatomique chez ses disciples français. Pendant plus de 15 ans prolifèrent les éditions enrichies de nouveaux blasons, où chaque partie du corps féminin sert de base à l'élaboration d'un poème : du sourcil aux petons, en passant par le cœur et le téton. Ce genre nouveau se veut un hommage au corps féminin et, sur le plan littéraire, un défi à l'invention du poète. Pour un coup d'envoi, *Le Beau Tétin* reste un coup de maître. Il conjugue à merveille la dimension charnelle et voluptueuse du sujet à sa valeur esthétique. De plus, la dernière strophe lie le sein, gorgé de lait, à l'institution sociale du mariage. La jeune fille devient une épouse et une mère, et l'homme a tout lieu d'en être heureux. Du coup, la tonalité un peu grivoise du début cède à une pensée émue empreinte de considération. Après avoir fait du tétin un objet de beauté, puis un objet de désir, le blason en fait le noble symbole de la maternité.

Marot excelle dans l'épître — simple lettre en vers — et lui consacre, surtout pendant ses dernières années, l'expression de sa foi ou de ses regrets. Ces derniers nourrissent *L'Adieu envoyé aux dames de la cour, au mois d'octobre 1537*, où la répétition de « adieu » sonne comme un glas. L'amour doit céder ici à l'honneur, mais ce n'est pas de gaieté de cœur. En filigrane se développe un discours antimilitariste. Enfin, une allusion au destin funeste appréhendé vient rehausser la force de ce poignant et viril salut.

PORTRAIT DE JOACHIM DU BELLAY.

CRAYON DU XVIe SIÈCLE.

Joachim du Bellay (1522-1560)

Repères biographiques

Né en 1522, d'une illustre famille de diplomates, d'écrivains et de militaires du bourg du Liré, en Anjou, Joachim du Bellay se retrouve très tôt orphelin. Il est pris en charge par son frère aîné, qui ne lui assure qu'une éducation sommaire. Enfant chétif et mélancolique, le jeune Joachim est un rêveur s'abandonnant sans remords à l'oisiveté et à l'ennui.

À 22 ans, on le destine à servir le cardinal Jean du Bellay[1]; il est inscrit à la faculté de droit de Poitiers. Il y apprend le latin et, en marge de ses études, compose ses premiers vers. Deux ans plus tard, il découvre Paris, le collège de Coqueret et maître Jean Dorat qui y donne de passionnants cours sur les grands écrivains de l'Antiquité. Il rencontre aussi Pierre de Ronsard. S'amorce alors une longue et fructueuse amitié à l'origine de la Pléiade, célèbre foyer littéraire dont Du Bellay rédige le manifeste, la *Deffence et illustration de la langue françoise*, qui soulève un tollé dès sa parution en 1549.

L'année suivante, le poète tombe malade. Il ne se rétablit qu'en 1552 et conserve de cette défaillance un début de surdité, qui deviendra plus tard complète.

En avril 1553, à titre de secrétaire, Joachim du Bellay accompagne le cardinal Jean du Bellay à Rome. Sa situation matérielle lui apparaît désormais sous un jour avantageux. Rapidement pourtant, l'enthousiasme qui marque son arrivée en Italie s'étiole. Il est dégoûté par les mœurs dépravées des courtisans entourant le pape. Il se scandalise de la vie romaine dont ses études humanistes lui avaient projeté une image idéalisée. Bientôt, l'ennui et la morosité lui causent le mal du pays. Des différends l'opposent en outre à son illustre parent. Intendant des fêtes de la maison du cardinal, qui mène grand train, il conteste les obligations qu'on lui impose. Il dispose néanmoins d'assez de temps pour écrire, mais il ne publie rien. En 1557, il est finalement renvoyé en France.

---

1. Les historiens ne s'entendent pas à savoir si le cardinal était l'oncle ou le cousin de Joachim du Bellay.

Désireux de reprendre rapidement sa place parmi les poètes en vue, Du Bellay fréquente assidûment les cercles littéraires de Paris. De cette période date la publication de ses chefs-d'œuvre de l'exil, *Les Regrets* et *Les Antiquités de Rome*, qui provoquent l'admiration de ses pairs et quelques remous auprès des siens. La fin de sa vie est d'ailleurs assombrie par des querelles familiales. Les avantages financiers acquis à Rome font place à l'indigence et à l'inquiétude.

Du Bellay recherche âprement la protection du roi. Malgré sa haine à l'endroit des poètes courtisans, il cherche paradoxalement à occuper cette fonction à la cour. Ses espoirs s'évanouissent au moment de la mort tragique d'Henri II. Il parvient à obtenir une maigre pension, mais il n'en bénéficiera jamais. Malgré une santé chancelante, le poète travaille sans relâche, et les longues veilles consacrées à l'écriture altèrent sa santé. Dans la nuit du 1er au 2 janvier 1560, il meurt subitement d'une attaque d'apoplexie. Sa dépouille est ensevelie peu après dans le chœur de Notre-Dame. Il avait 37 ans.

L'œuvre poétique expliquée

Fondateur et porte-parole de la Pléiade, Du Bellay impose et défend les canons esthétiques de ce cénacle avec *L'Olive*, premier recueil poétique publié dans la foulée de *Deffence et illustration de la langue françoise*. *L'Olive* chante les beautés de la nature et de la femme. L'identité réelle de cette dernière demeure cependant imprécise, car le poète évoque moins une femme vivante que l'éternel féminin. Le lyrisme un peu affecté de l'ouvrage séduit moins que sa maîtrise formelle. Dans *Déjà la nuit en son parc amassait…*, poème en décasyllabes, la description du paysage angevin, à l'aube, s'achève sur un hommage à la beauté sensuelle de la femme, représentée par une nymphe nue émergeant des eaux.

Le chef-d'œuvre de Du Bellay, *Les Regrets*, publié en 1558, connaît une lente maturation. Le titre du recueil en indique clairement le sujet, lié de près à l'expérience douloureuse de l'exil. Les poèmes donnent à lire l'expérience personnelle et intime du poète grâce à un lyrisme soutenu par le noble élan de l'alexandrin. Nostalgique, le poète regrette la patrie lointaine et s'afflige du mépris et de la mesquinerie des hommes.

Savamment composé, *Les Regrets* offre une gradation psychologique. Dans les tout premiers poèmes, Du Bellay prend soin de légitimer son projet esthétique. Dans le sonnet intitulé *Ceux qui sont amoureux, leurs amours chanteront…*, le poète revendique le droit à exprimer son malheur, alors que d'autres chantent l'amour, l'art ou la gloire. Dans *Maintenant je pardonne à la douce fureur…*, l'acte d'écrire, passion juvénile malsaine, s'avère un baume au poète vieillissant, car il confère un sens à son existence. *Heureux qui, comme Ulysse, a fait un beau voyage…* illustre l'espoir du retour au pays. L'amertume du poète s'estompe, l'exilé puise en lui un peu de courage. À l'instar des héros de la mythologie qui souhaitent revoir leur patrie, il traduit le sentiment universel du voyageur qui espère le retour à la terre natale, pays de l'enfance et des aïeux. Le désespoir de *Si les larmes servaient de remède au malheur…* atteste qu'il ne faut pas se laisser aller aux pleurs inutiles. Il faut affronter la vie, savoir déguiser ses sentiments et se taire, ne pas faire étalage de ses talents, de ses bonheurs ou de ses vertus, mais les mettre plutôt à profit afin de combattre l'adversaire, comme illustré dans *Vous dites, courtisans: les poètes sont fous…* Du Bellay termine l'ouvrage par des sonnets en hommage aux mécènes auxquels il confie désormais son destin.

Depuis le Moyen Âge, le spectacle de Rome inspire aux poètes des œuvres qui en célèbrent la grandeur. L'évocation du glorieux passé des Césars souligne la vacuité des prétentions humaines devant l'immuable cours du temps. Dans *Les Antiquités de Rome*, recueil publié la même année que *Les Regrets*, Du Bellay renoue avec cette « poésie des ruines ». Tout le long du célèbre *Nouveau venu, qui cherches Rome en Rome…* est répété comme une litanie le nom de la ville afin de favoriser une méditation sur la gloire éphémère et le passage du temps. Dans *Qui a vu quelquefois un grand chêne asséché…*, la vision d'un arbre centenaire, luttant contre la mort, permet une saisissante comparaison avec la puissance évanouie de l'antique cité impériale.

Avec *Divers jeux rustiques*, recueil paru en 1558, Du Bellay renouvelle son inspiration et prend plaisir à l'écriture de poèmes plus légers. Le pittoresque rustique *D'un vanneur de blé aux vents* donne la parole à un joyeux paysan. Celui-ci fait aux vents l'offrande de fleurs et leur demande en retour un peu de fraîcheur pendant qu'il s'évertue à trier son blé.

PIERRE DE RONSARD.

PEINTURE DE L'ECOLE DE BLOIS - XVIᵉ SIÈCLE.

PIERRE DE RONSARD (1524-1585)

Repères biographiques

Pierre de Ronsard naît au château de la Possonnière, en Vendômois, au mois de septembre 1524. Son père, Louis de Ronsard, un érudit passionné de culture italienne, occupe à la cour la charge de maître d'hôtel, c'est-à-dire de tuteur des enfants du roi. Le jeune Pierre se retrouve ainsi mêlé très tôt aux jeux des futures têtes couronnées. Ses premières années, qui se déroulent donc sous le double signe de la quiétude et de la fortune, favorisent l'épanouissement de ses dons.

À 12 ans Ronsard est page à la cour, au service du dauphin François, puis de Charles, fils du roi. Peu après, il accomplit un long voyage en Écosse, avant de prendre part à des missions diplomatiques. Il devient alors l'attaché de son cousin Lazare de Baïf qui lui fait découvrir l'univers, les lettres antiques et la pensée humaniste.

Au cours de ses voyages, notre poète se fait remarquer. Jeune et de belle prestance, il séduit les gens de cour par son regard franc et ses qualités de gentilhomme : il monte à cheval, pratique la lutte, l'escrime, le saut et la danse à la perfection. D'intelligence vive et s'exprimant avec aisance, il semble promis à un brillant avenir. Cependant, une grave maladie s'abat sur lui qui le laisse à demi sourd. Ronsard doit mettre fin à ses espoirs de servir la France dans une carrière diplomatique ou militaire. Vivement déçu, le jeune homme se tourne vers la poésie. Mais son père, loin d'être gagné à cela, l'incite à entrer dans les ordres de l'Église, une manière courante à l'époque de s'assurer, sans que la vocation pèse bien lourd dans la balance, les revenus non négligeables liés à une charge ecclésiastique. C'est chose faite le 6 mars 1543.

Vers cette époque, Ronsard se lie d'amitié avec Jacques Peletier du Mans, un humaniste influent, qui l'encourage à rédiger une œuvre poétique en français. Car le jeune prêtre, loin d'avoir renoncé à la poésie, se sent appelé par la muse. L'année suivante, à la mort de son père, Ronsard monte à Paris, engagé par Lazare de Baïf, pour être le mentor de son fils Jean Antoine. Il se passionne pour l'œuvre de Marot et compose ses premières odes. Inscrit au collège de Coqueret dès 1546, il y suit les cours donnés par maître Jean Dorat avec son ami Joachim du Bellay. C'est avec lui qu'il fonde bientôt la Brigade, un foyer poétique voué à la promotion de la langue française. Durant quatre ans, il assimile les connaissances humanistes et consacre tout son temps à la création. En 1550, un an après le manifeste de Du Bellay sur la langue française, Ronsard publie un premier livre d'odes et s'engage sur le chemin de la gloire ! Pendant une décennie, il rédige et publie des recueils d'odes, d'hymnes et de sonnets dont, à partir de 1552, *Les Amours,* son chef-d'œuvre.

Entre-temps, l'école de la Brigade s'est élargie et, à l'initiative de Ronsard, son élite forme le cercle choisi de la Pléiade. Cependant, des ennuis financiers poussent le poète à s'éloigner de la capitale pour vivre des revenus de ses cures sacerdotales. En 1558, nommé conseiller et aumônier ordinaire de son ami d'enfance, le roi Henri II, il accède aussi au rang de premier poète de la cour.

Mais les guerres de Religion grondent à l'horizon. Quand le jeune roi Charles IX monte sur le trône, Ronsard veut à tout prix plaire au nouveau roi et devenir un grand défenseur du catholicisme. Politique, sa production se prête à la satire et à l'intolérance. *La Franciade,* une épopée propagandiste catholique, s'avère un échec poétique cuisant. Le poète comprend alors qu'il doit se détacher des sombres enjeux politiques auxquels il est mêlé. Il voyage beaucoup. À l'un de ses retours, le 24 août 1572, il est témoin de la Saint-Barthélemy et est révolté de l'horreur du massacre. La vie de cour se mettant à lui peser, il néglige ses fonctions. À la mort de Charles IX, il tombe en disgrâce. Il n'a plus la santé pour tenter de séduire le nouveau roi. Il vit déjà largement des rentes que lui procurent ses abbayes ; aussi, après 1575, il ne reparaît plus à la cour. Il se retire dans ses prieurés de Croixval ou de Saint-Côme. Là, pendant ses 10 dernières années, il crée des élégies et des sonnets, où la tristesse et l'amertume s'inscrivent en filigrane et qui témoignent de la vigueur de son génie. Conscient de sa valeur et obsédé par son legs à la postérité, Ronsard remanie sans cesse ses ouvrages. Il épure, trie, corrige chaque poème d'une œuvre riche et abondante, dont paraît, en 1584, une édition ultime. Puis le déclin s'amorce. La maladie freine les derniers élans lyriques. Dans la nuit du 27 au 28 décembre 1585, au prieuré de Saint-Côme, Ronsard s'éteint. Des funérailles nationales offrent un dernier adieu au poète des princes et « prince des poètes ».

L'œuvre poétique expliquée

L'œuvre poétique de Ronsard, l'une des plus considérables de la poésie française, donne ses meilleurs poèmes grâce à l'amour qui en est le thème central. Ronsard connut trois amours, qui furent successivement ses muses : Cassandre, Marie et Hélène.

En 1545, il s'éprend de Cassandre Salviati pendant une fête à la cour de Blois. Cette jeune fille de 13 ans épouse l'année suivante un grand seigneur. Ronsard, inconsolable et dans la fougue de ses 20 ans, dédie à l'épousée ses *Odes*, publiées en 1550. Ce recueil inclut le plus célèbre poème de la Renaissance française : *Mignonne, allons voir si la rose…* Ode à Cassandre, l'œuvre relate un incident du quotidien : le poète, accompagné de la femme qu'il aime, se rend au jardin et constate la mort d'une rose au soir du premier jour. Cet événement est prétexte au poète pour mesurer la brièveté de la vie et la nécessité pour Cassandre, comme pour toute femme, de jouir de la jeunesse et de la beauté. Il faut « cueillir le jour », en latin *Carpe Diem*, une morale courante de la littérature latine, qui invite à l'amour et aux plaisirs des sens. Dans *J'ai l'esprit tout ennuyé…*, le poète valorise à nouveau ces plaisirs : ici le boire, le manger, la joie de vivre qu'il oppose au pénible travail intellectuel. Pourquoi perdre son temps à étudier quand on peut profiter de la vie ?

La parution des *Amours*, chef-d'œuvre de Ronsard, est échelonnée sur plus de 25 ans à partir de 1552. Durant toutes ces années, le poète ne se borne pas à faire des ajouts au recueil ; il reprend, corrige et modifie les poèmes déjà publiés. Ce constant remaniement des sonnets contribue à leur excellence. Chaque *Livre* (ou partie) de l'ouvrage chante l'amour pour la femme aimée et en loue les perfections. Dans le *Premier Livre*, c'est encore à Cassandre Salviati que Ronsard consacre son inspiration. *Prends cette rose aimable comme toi…* offre une fine variation de *Mignonne, allons voir si la rose…* Le sonnet, qui associe encore la rose et la femme — deux thèmes déjà liés dans la littérature médiavale — , s'avère un hommage exquis à la délicatesse, à la fragilité et à la beauté éphémère de l'amour. Deux ans plus tard, Ronsard se détourne définitivement de Cassandre. En avril 1555, il rencontre une ravissante paysanne de l'Anjou, Marie Dupin. Elle a 15 ans. Pour rendre compte de cet amour simple et innocent, Ronsard compose ses sonnets les plus naïfs et les plus vrais. Dans *Le vingtième d'avril, couché sur l'herbelette…*, Ronsard recrée l'atmosphère étrange du désir et du rêve. « Tel est pris qui croyait prendre » pourrait être la morale de ce poème. L'histoire de cette poursuite d'un chevreuil possède un sens caché : le poète dévoile son caractère vif et emporté dès qu'il ressent le désir. Placé au début des *Amours de Marie*, le sonnet permet de comprendre que l'amour de Ronsard le pousse à transgresser les convenances et les barrières sociales. *Marie, qui voudrait votre nom retourner…*, dont le point de départ est l'anagramme M-A-R-I-E / A-I-M-E-R, transmet une fois de plus l'invitation à jouir de l'amour et de la vie. *Marie, levez-vous, ma jeune paresseuse…* s'ouvre sur un plaisant reproche ; l'évocation du lever quotidien au petit matin et la sensualité qui s'y rattache accordent à ce sonnet une joyeuse et fraîche sincérité. Le contraste n'en est que plus profond avec *Comme on voit sur la branche au mois de mai la rose…*, sonnet composé quelques années après la mort prématurée de Marie Dupin. Au constat du destin funeste de cette femme, dont la jeunesse est encore une fois comparée à la rose, se joint l'espoir païen de croire que le souvenir de la jeune fille tendrement aimée ne mourra jamais. En 1570, Hélène de Surgères, fille d'honneur de Catherine de Médicis, perd son fiancé pendant les escarmouches liées aux troubles civils qui déchirent le royaume. Ronsard, témoin du drame, s'attache à la jeune femme et, sans rien demander en retour — il a 45 ans et elle en a près de 20 — , lui dédie les *Sonnets pour Hélène* où se mêlent tendresse, douceur et mélancolie. *L'autre jour que j'étais sur le haut d'un degré…* présente une parfaite illustration des rapports profonds et discrets entre Hélène et Ronsard. Un rapide coup d'œil suffit ici à bouleverser l'âme émue et un simple signe de la main, à la rassurer. *Te regardant assise auprès de ta cousine…* révèle le non-dit des regards se prêtant malgré tout à bien des tourments et des incertitudes. Le sonnet ne traduit pas les sentiments d'Hélène ; il laisse le poète dans la crainte d'avoir blessé d'un faux pas celle qu'il vénère. *Quand vous serez bien vieille, au soir, à la chandelle…*, autre poème célèbre, reprend le thème

du *Carpe Diem* latin dans une audacieuse projection dans le temps.
Ronsard se représente décédé, et Hélène vieillie et accroupie, qui se
remémore ses jeunes années. La force et la qualité du poème proviennent de la justesse des images et des sentiments proposés. Vers la fin
de sa vie, Ronsard devient très critique à l'endroit de ses œuvres et ne
tolère plus des sujets trop banals. Plusieurs poèmes, pourtant remar-
quables, se voient ainsi retranchés des *Amours*. Alors qu'il souffre de
la maladie qui l'emportera, notre poète rédige des poèmes, publiés
dans un recueil posthume intitulé *Derniers vers de Pierre de Ronsard*.
Je n'ai plus que les os, un squelette je semble… décrit avec précision,
dans un réalisme troublant, les souffrances et les marques que la
maladie inscrit dans son corps. La présence des amis semble le seul
moyen de calmer les angoisses devant la mort prochaine.

LOUISE LABÉ.

PORTRAIT GRAVÉ PAR PIERRE WOEIRIOT (1555).

Louise Labé (v. 1524-1566)

Repères biographiques

L'incertitude entoure la naissance de Louise Labé. L'événement se situe à Lyon aux alentours de 1524, fort probablement quelques années auparavant. Fille d'artisans bien nantis, Louise Labé amorce son enfance à un moment et à un endroit privilégiés du XVIe siècle. Elle a la chance de s'épanouir dans une famille qui la comble d'une riche éducation à l'italienne où figurent l'étude des langues, du chant et du luth, sans compter le maniement des armes et l'équitation. La légende raconte qu'en 1542, à Perpignan, elle se serait habillée en homme pour participer à un tournoi équestre! Son mariage, célébré à cette même époque, avec Ennemond Perrin, cordier d'une trentaine d'années son aîné, accorde à la jeune épousée une vie libre et indépendante, au grand scandale de ses concitoyens. Elle se fait remarquer dans les cercles artistiques par l'acuité de son intelligence et l'étendue de sa culture.

Lyon jouit alors d'une enviable renommée : il y foisonne une intense activité intellectuelle. Louise Labé encourage ses consœurs, du moins celles qui en ont les moyens, à s'élever au-dessus des travaux d'aiguille et des tâches ménagères. En femme d'esprit, elle favorise la «culture du corps» à la Montaigne, c'est-à-dire les lettres et, sans tenir salon, elle fréquente les poètes en vue, dont Maurice Scève et Olivier de Magny. Des poèmes de ce dernier laissent supposer une passion partagée avec «la Belle Cordière», surnom qui demeure encore aujourd'hui celui de notre poétesse. Mais cette relation aurait été brève, à l'instar de celles que lui prête une réputation, peut-être injustifiée, de courtisane.

Veuve en 1551, Louise Labé demande et obtient du roi Henri II le privilège de publier ses écrits. Dès le premier tirage, en 1555, c'est le succès! Une seconde édition paraît en 1556. À partir de 1560, une vague de protestantisme balaie Lyon et rend la ville dangereuse. De plus, la peste s'y déclare en 1564. Louise Labé, dont la santé se détériore, se retire de la vie mondaine. Elle séjourne à sa maison campagnarde de Parcieux-en-Dombes. Depuis quelques années, elle s'est liée d'amitié avec l'avocat et banquier italien, Thomas Fortini. Ce dernier permet à la poétesse de faire d'avantageux placements et lui apporte le réconfort des dernières années. Malade, c'est à lui que Louise Labé dicte son testament, le 28 avril 1565, dans lequel elle lègue sa fortune aux pauvres. Elle s'éteint l'année suivante, au début de la quarantaine.

L'œuvre poétique expliquée

En 1555, Louise Labé regroupe et publie en un seul volume ses œuvres : un *Débat de Folie et d'Amour*, 3 élégies et 24 sonnets. Dans la préface de l'ouvrage, dédié à son amie Clémence de Bourges, femme de lettres, Louise Labé explique l'importance pour chaque femme de s'instruire afin de maintenir son indépendance d'esprit et de mouvement. Elle fait appel à l'émancipation de la femme, qui ne se concrétise en Occident qu'au XXᵉ siècle. Elle croit que la valeur d'une création en art ne correspond pas au sexe de l'artiste, mais à sa sensibilité. Dans son milieu d'artistes et d'écrivains, Louise Labé doit pourtant lutter pour que ses œuvres soient considérées, car l'époque reconnaît d'emblée la supériorité de la poésie masculine.

Louise Labé revendique une franche liberté de mœurs. Sa poésie étonne aujourd'hui parce qu'elle parle sans fausse pudeur de la jouissance et de la souffrance de la femme amoureuse. Plus que nulle autre, elle donne des accents de vérité aux joies charnelles de l'amour et affirme son désir en louant les attraits physiques de son amant. Elle réinvestit le corps féminin du désir qui l'habite, de l'érotisme qui y sommeille. Dans ses vers, les masques de la pudeur tombent et révèlent ainsi, avec une force inégalée, le désespoir de l'absence, de l'infidélité ou de la rupture amoureuse.

Les 24 sonnets se révèlent le meilleur de l'œuvre. Ils surprennent par la concision de leur écriture. Comme plusieurs poètes de l'école lyonnaise dont elle fait partie, Louise Labé choisit de renverser des propositions syntaxiques et de retrancher des mots dans le souci formel d'aller à l'essentiel. Les difficultés causées par cette économie de mots, par ces allusions non développées se trouvent en partie compensées par le ton intime des poèmes. Au noble alexandrin, Louise Labé préfère la scansion plus humaine du décasyllabe. Elle tente moins de faire beau que de révéler avec franchise le trouble ou le bonheur instillé par l'amour. Les 24 poèmes constituent une suite cohérente. Il s'agit du récit d'un amour révélé au lecteur par la brève évocation de chaque sonnet. Dans la relation tumultueuse, racontée par la poétesse, sont privilégiés le point de vue de la femme amoureuse et les sentiments contradictoires et violents qui l'animent.

Depuis qu'Amour cruel empoisonna… explique l'emprise de l'amour et de sa tyrannie : la poétesse a beau se savoir empoisonnée, elle en souffre, elle ne cesse de mettre toutes ses forces à contribution pour s'y abandonner. L'amour semble un sentiment impérieux qui accable celui qui le ressent, sans qu'il puisse espérer s'en délivrer. *On voit mourir toute chose animée…* met en parallèle l'union du corps et de l'âme et la relation amoureuse entre un homme et une femme. La poétesse devient le corps qui attend l'amant, son âme, et implore son retour. *Je vis, je meurs ; je me brûle et me noie,* le plus célèbre sonnet de Louise Labé, évoque les sensations extrêmes qui se déchaînent dans le cœur et le corps de la femme éprise d'une folle passion. *Tout aussitôt que je commence à prendre…* illustre un moment d'intimité, à l'orée de la nuit et du sommeil, quand la tristesse et le doute minent l'amour insatisfait et inquiet. Ici perce le désespoir de l'amante délaissée. Ses plaintes voilées assombrissent la fragile quiétude de l'amour comblé. *Oh ! si j'étais en ce beau sein ravie…* formule le souhait d'un bonheur retrouvé : celui d'être enfin dans les bras de l'homme aimé. Le rapport charnel apparaît comme un moment ultime de la satisfaction. Le sonnet *Baise m'encor, rebaise-moi et baise…* exprime lui aussi un souhait charnel, ici très tendre et sensuel. Il persuade que les baisers échangés établissent une sorte de pacte et permettent à l'union du moment de se poursuivre dans le souvenir que les amants conservent l'un de l'autre. *Prédit me fut que devait fermement…* revient à l'origine de la relation. Avant même la première rencontre, la femme savait qui serait l'homme qu'elle aimerait. Après les déceptions que l'amour a fait naître, les regrets et le sentiment de fatalité mettent un terme au bonheur déjà évanoui. *Ne reprenez, Dames, si j'ai aimé…* s'adresse aux lectrices des sonnets. La poétesse leur demande de ne pas la blâmer d'avoir été si amoureuse, car toute femme peut un jour vivre semblable et même plus folle passion.

PORTRAIT PRÉSUMÉ DE MICHEL EYQUEM DE MONTAIGNE.

PAR UN AUTEUR ANONYME, DIT DE CHANTILLY.
UTILISÉ POUR POUR ORNER L'ÉDITION DES *ESSAIS* DE 1608.

MICHEL EYQUEM DE MONTAIGNE (1533-1592)

Repères biographiques

Le 28 février 1533, au château de Montaigne en Périgord, naît le grand penseur de la Renaissance française. De descendance juive portugaise, par sa mère, Michel de Montaigne est l'aîné d'une famille de sept enfants. Ses parents, issus d'une génération de riches négociants, lui assurent une solide éducation. Son père, qui donne dans la magistrature et qui a participé aux guerres d'Italie, entend lui transmettre les idées humanistes de la Renaissance. La sensibilité artistique de l'enfant est donc soigneusement cultivée et, tous les matins, le petit Michel s'éveille au son de la musique. Dès l'âge de deux ans, on le juge suffisamment doué pour le confier à un pédagogue allemand qui, grâce à une méthode nouvelle, lui inculque les rudiments du latin comme langue vivante. À six ans, Michel de Montaigne est inscrit au collège de Guyenne à Bordeaux. Après sept longues années d'études, marquées du sceau de la discipline, mais couronnées de succès, il fréquente la faculté des arts de Bordeaux où il apprend la philosophie. En 1548, à Toulouse, il s'initie au droit cinq années durant. Enfin, en 1554, quand son père devient maire de Bordeaux, il entre comme conseiller à la Cour des aides de Périgueux. En 1557, Montaigne rejoint les rangs du parlement de Bordeaux et y fait la rencontre déterminante d'Étienne de La Boétie. C'est le début d'une amitié exceptionnelle, décrite avec l'ardeur de la passion dans l'œuvre future de Montaigne. Ce dernier reconnaît l'influence de cette relation sur sa vision du monde et le développement de sa pensée.

En France s'amorcent alors les luttes liées aux dissensions religieuses. Montaigne y participe dans la sphère diplomatique et tente, dans la mesure du possible, de calmer les esprits. À la mort du roi Henri II, en 1559, il monte à Paris, mandaté auprès de François II. L'année suivante, il est de nouveau à la cour, sous la régence de Catherine de Médicis, investi d'une mission secrète concernant les troubles religieux. Vraisemblablement, en septembre 1561, il assiste au Colloque de Poissy, qui propose un rapprochement entre catholiques et protestants. C'est l'échec de ces pourparlers, en mars 1562, qui enclenche la triste suite des guerres de Religion. Montaigne suit aussi la cour au siège de Rouen où il rencontre des indigènes ramenés du Brésil, dont il offre une description dans son essai intitulé « Des cannibales ».

La mort subite de son ami La Boétie, le 18 août 1563, laisse Montaigne anéanti et dévasté ; une lettre adressée à son père témoigne de son désespoir. Deux ans plus tard, pour tirer un trait sur ce deuil, il épouse Françoise de La Chassaigne qui lui donne six filles, dont une seule, Léonor, survivra. À la mort de son père, en 1568, il devient le seigneur de Montaigne en titre. Pendant que le roi signe un traité de paix — de courte durée — et accorde la liberté du culte aux protestants, Montaigne résigne sa charge de conseiller au parlement de Bordeaux et se retire en son château. Il entame alors une nouvelle période de sa vie. La tour de son domaine abrite sa bibliothèque dans laquelle il passe maintenant des journées entières. Comme si son ami La Boétie était encore là, pour tromper cette absence qui lui pèse, Montaigne couche sur papier des pensées, des réflexions et des considérations, qu'il entend recueillir et publier dans un immense ouvrage intitulé *Essais*. Entre-temps, il fait paraître les traductions et les poésies latines de La Boétie.

Après le massacre de la Saint-Barthélemy, dont il n'entend que les échos pendant l'été 1572, Montaigne accède au titre de gentilhomme ordinaire de la chambre du roi. En cette qualité, et bien qu'il soit l'ennemi juré de la violence, il fait l'expérience de la guerre. Il est aussi chargé de missions diplomatiques par le gouverneur de Bordeaux. En marge de ses activités militaires et diplomatiques, Montaigne poursuit la rédaction des *Essais*. À plusieurs reprises, il est l'invité au château de Nérac, où Marguerite de Valois, épouse d'Henri de Navarre, tient une cour brillante. En 1580 paraît la première édition des *Essais*.

Depuis peu, Montaigne connaît des ennuis de santé qui, sans être graves, empoisonnent son existence : rhumatisme, goutte, pierres aux reins. Préoccupé de sa santé, l'écrivain entreprend des cures successives dans des villes d'eau en France, en Allemagne, en Autriche et en Italie. Dans ce dernier pays, il s'attarde plus longuement. Après une semaine à Venise, il s'installe six mois à Rome et obtient une audience auprès du pape Grégoire XIII qui lui accorde l'honneur de le faire citoyen romain. Montaigne séjourne depuis six semaines aux bains de Lucques, lorsqu'en septembre 1581, il apprend son élection[1] à la mairie de Bordeaux. Vingt-sept ans après son père, le voilà contraint à la même et difficile charge administrative. Montaigne n'en rapporte pas moins un journal de son voyage en Italie, et surtout, une évolution de sa pensée.

Trois ans plus tard, Henri de Navarre, héritier du royaume depuis la mort de François d'Anjou, vient passer deux jours au château de Montaigne. Les deux hommes conversent, s'écoutent, se conseillent ; leurs liens en sont resserrés. Cependant, le mandat à la mairie de Bordeaux, renouvelé en 1583, ne se déroule pas aussi paisiblement que le premier. Montaigne est aux prises avec la huitième guerre civile. Ses fonctions s'alourdissent et, pour couronner le tout, une peste meurtrière éclate à Bordeaux pendant l'été 1585. Absent à ce moment de la ville, Montaigne s'abstient d'y rentrer afin de préserver sa famille de la contagion. Il quitte même son château et la région. Le 1er août, à son grand soulagement, il remet les clés de la ville à son successeur désigné, le maréchal de Matignon. Montaigne peut enfin se consacrer tout entier à la rédaction du troisième livre de ses *Essais*. Pierre Charron, un disciple, le seconde et le sert en tout. Au début de l'année suivante, il participe aux négociations de l'entrevue de Saint-Brice entre Catherine de Médicis et Henri de Navarre. Ce dernier séjourne à nouveau chez Montaigne après la bataille de Coutras.

En 1588, Montaigne fait la connaissance de Marie de Gournay, fervente admiratrice, qui devient sa *fille d'alliance*. Érudite et intelligente, la jeune femme se passionne pour l'œuvre de Montaigne, lequel lui prodigue une affection toute paternelle. Après la journée des Barricades, en mai, Montaigne monte à Paris pour faire paraître une nouvelle édition, revue et corrigée, des deux premiers livres et faire paraître la troisième partie des *Essais*. Au cours du voyage, il est attaqué et pillé, mais ses manuscrits lui sont heureusement rendus.

---

1. À l'époque de Montaigne, un gentilhomme est élu au poste de maire sans avoir brigué les suffrages. Il s'agit à la fois d'une corvée et d'un honneur prestigieux qui ne peuvent être refusés.

Puisqu'il accompagne Henri III dans sa fuite devant le duc de Guise, Montaigne est emprisonné quelques heures. Catherine de Médicis intervient aussitôt pour le faire relâcher. Quelque temps après, il assiste aux états généraux de Blois, mais quitte la ville avant l'assassinat du duc et du cardinal de Guise, en décembre. De retour en son château, Montaigne se remet à la lecture et à l'étude des auteurs de l'Antiquité, pendant qu'à Paris, Henri III est assassiné. Après avoir élaboré pendant trois ans une ultime édition, truffée d'un millier d'ajouts, l'auteur des *Essais* s'éteint, paisible et serein, le 13 septembre 1592. Il laisse à Marie de Gournay le soin d'établir une édition posthume, parue en 1595. Avec Montaigne disparaît le dernier grand humaniste et intellectuel de la Renaissance.

L'œuvre expliquée

L'essai désigne aujourd'hui un ouvrage appartenant à la littérature des idées : un texte de facture libre où l'auteur fait part de ses réflexions sur un sujet précis. À la fin de la Renaissance, l'essai est un genre littéraire inconnu ; Montaigne en est l'inventeur.

Avec ses *Essais*, Montaigne convie le lecteur à partager ses expériences de vie. Le mot « essai » doit être compris au sens de « tentative » ou « expérience ». Comme l'auteur l'écrit si bien : « Je suis moi-même la matière de mon livre. » Au fil des pages, Montaigne expose les sentiments, les idées, les lectures et les événements de sa vie. Toutefois, il ne s'agit pas d'une biographie. Dans ce livre, unique dans la littérature universelle, Montaigne entreprend la quête de la sagesse à travers une vision renouvelée de l'homme et de la société. Son propos, dépassant le cadre étroit de la sphère personnelle, s'ouvre sur une multitude de manifestations culturelles, sociologiques et philosophiques de la civilisation. Ce grand ouvrage parvient ainsi à une synthèse de l'héritage humaniste.

Divisé en 3 parties, les *Essais* comptent au total 107 essais de longueurs inégales, allant de quelques pages à plus de 100. L'intérêt et l'originalité de l'ensemble découlent de la personnalité de l'écrivain. Montaigne y révèle son intelligence, sa sensibilité et sa modestie. Lire les *Essais* permet de découvrir la singularité et le caractère sympathique d'un auteur qui ne cherche pas à éblouir, mais qui conçoit son ouvrage dans l'esprit d'une conversation entre amis, comme si Montaigne continuait à échanger avec son ami La Boétie au-delà de la mort.

Bien que le titre de l'essai annonce le sujet principal, le discours de Montaigne s'y limite rarement. Comme dans tout entretien à bâtons rompus, l'auteur saute d'une idée à l'autre, revient à son idée initiale, repart dans une autre direction… Au gré de la fantaisie et du hasard, des digressions naissent, des anecdotes tirées d'œuvres anciennes surgissent, nécessitant des citations, des précisions qui mènent parfois l'essayiste bien loin de son point de départ. La lecture d'un essai s'avère donc une aventure stimulante, pleine d'imprévus, mais aussi, reconnaissons-le, parfois ardue. Loin d'aplanir ces difficultés, Montaigne enrichit les éditions successives de ses *Essais* de « moultes corrections et allongeails » !

Afin de rendre l'ouvrage plus accessible, la présente édition propose des extraits où des coupes ont été pratiquées pour circonscrire le discours de l'essai à son sujet principal. Le titre, modifié, prend la forme d'une question pour permettre d'en mieux saisir l'enjeu.

Qu'est-ce que l'amitié ? montre un Montaigne encore très attaché à son ami décédé, Étienne de La Boétie. L'écrivain distingue d'abord les amitiés vulgaires et banales du réel sentiment amical qu'il a connu : sentiment qui subordonne tout et fait en sorte qu'un véritable ami n'est jamais assez bien servi. *Les cannibales sont-ils des barbares ?* pose l'épineux problème de la supériorité des races. À la Renaissance, les Européens ont coutume de se considérer comme l'essence humaine la plus proche du divin. Montaigne, de même que tous les humanistes de son temps, remet en cause cette prétendue supériorité. Il démontre que la sauvagerie est commune à tous les peuples et que la barbarie surgit là où, à force d'aveuglement et d'insensibilité, on ne la soupçonne plus. Dans *Comment appréhender la mort et la souffrance ?*, Montaigne s'intéresse à des thèmes inhérents à la condition humaine. Il part d'un incident qui manque lui coûter la vie pour se questionner sur les rapports de l'homme avec son destin. Il tente de se dégager des préjugés et table sur son expérience de la souffrance pour discerner la réelle approche que l'homme peut espérer avec l'au-delà. *Qu'est-ce que la beauté chez l'homme ?* aborde un sujet plus léger.

De façon objective et en se référant à la tradition, Montaigne établit les canons esthétiques de la beauté masculine. Il se livre ensuite à une évaluation de son propre physique pour conclure qu'il ne possède en rien les qualités d'un bel homme. Il ne rejette pas pour autant ce corps qui est le sien et démontre que la santé et l'adresse peuvent combler, sa vie durant, celui qui n'est pas beau. Dans *Comment bien voyager?*, Montaigne développe une réflexion sur les aberrations du voyageur qui peste parce qu'il ne retrouve pas à des kilomètres de chez lui l'univers qu'il connaît. En parfait humaniste, il prône ici l'ouverture d'esprit: pourquoi voyager si on se ferme à tout ce qui est neuf et différent? Comme dans l'essai sur les cannibales, l'écrivain fustige le racisme latent de ses compatriotes, comme de tous ceux qui n'aiment jamais qu'eux-mêmes.

UN BAL À LA COUR D'HENRI III.

DÉTAIL D'UNE PEINTURE ANONYME, 1581.

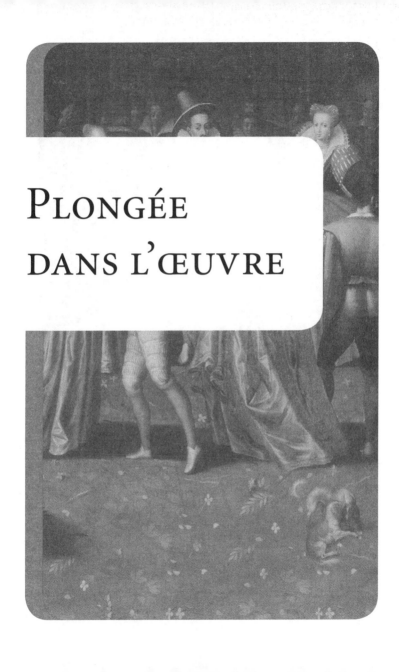

PLONGÉE

DANS L'ŒUVRE

PORTRAIT DE JEUNE FEMME.

TABLEAU PAR DÜRER.

QUESTIONS SUR LES ŒUVRES

DE MARGUERITE DE NAVARRE

UN AMI VIF VINT À LA DAME MORTE… (P. **9**)
(*Dernières poésies*, dizain 54)

Compréhension

1. Au vers 4, quel est le sens de « pressa » ?
2. Au vers 5, qui « mot ne dit » ?
3. Au vers 5, qui veut « se contenter » ?
4. Au vers 8, que veut dire « importun » ?
5. Expliquez le dernier vers.

Écriture

1. Identifiez la figure de style du vers 1.
2. Quelle tonalité accorde au discours de la femme le « ô » du vers 8 ?
3. Identifiez et expliquez la figure de style du vers 9.

J'AIME UNE AMIE ENTIÈREMENT PARFAITE… (P. **10**)
(*Dernières poésies*, dizain 56)

Compréhension

1. Que laisse croire le vers 2 que dément la toute fin du dizain ?
2. Relevez les qualités qui rendent l'amie entièrement parfaite.
3. Commentez les deux derniers vers du dizain.

Écriture

1. Identifiez la figure de style du vers 1.
2. Identifiez la figure de style du vers 3.
3. Identifiez et expliquez la figure de style du vers 8.
4. Établissez le champ lexical de la perfection.
5. Identifiez la figure de style du dernier vers.

Elle m'a dit : « Par refus ou tourment… » (p. 11)
(*Dernières poésies*, dizain 59)

Compréhension

1. Au vers 2, quelle est l'« entreprise » en question ?
2. Au vers 3, quelle connotation implique l'adverbe « fermement » ?
3. Au vers 4, que laisse entendre l'alternative « soit douleur ou surprise » ?
4. Au vers 5, quel est le « moyen » en question ?
5. Sur quel point Amour et l'amoureux s'opposent-ils ?

Écriture

1. Identifiez la figure de style du vers 3.
2. Quelle disposition des rimes est adoptée dans les quatre premiers vers ?
3. Établissez le champ lexical du combat.

Il pensait bien brûler son chaste cœur… (p. 12)
(*Dernières poésies*, dizain 63)

Compréhension

1. Au vers 3, quelle connotation le mot « vainqueur » ajoute-t-il au poème ?
2. Au vers 6, quel est le sens de « traits » ?
3. Résumez le récit du poème tout entier.

Écriture

1. Identifiez et expliquez la figure de style du vers 1.
2. Établissez le champ lexical du feu.
3. Établissez le champ lexical du froid.
4. Identifiez la figure de style du dernier vers. Commentez-la.

Plus j'ai d'amour, plus j'ai de fâcherie… (p. 13)
(*Dernières poésies*, dizain 70)

Compréhension

1. Que fait comprendre le vers 2 ?

2. Que précise le vers 3 ?

3. Au vers 5, quelle contradiction psychologique recouvre « souvent je me moque » ?

4. Comment l'amoureux se comporte-t-il « devant chacun » ?

5. Quelle solution est finalement donnée pour résoudre la difficulté exprimée au vers 3 ?

Écriture

1. Identifiez la figure de style du vers 1.

2. Identifiez la tonalité du poème.
   Expliquez votre réponse.

Analyse littéraire

1. Analysez la vision de l'amour qui se dégage de la lecture des dizains.

2. Analysez les procédés d'écriture récurrents dans l'ensemble des dizains.

Autres pensées faites un mois après la mort du roi (p. **14**)
(*Chansons spirituelles*, 2)

Compréhension

1. Pourquoi le malheur est-il « sans espérance » (vers 3) ?

2. Au vers 7, quelle connotation le verbe « jettent » ajoute-t-il au contexte ?

3. Au vers 18, à quoi le pronom « lui » renvoie-t-il ?

4. Quelle est la « dure absence » mentionnée au vers 21 ?

5. Quel type de rapport affectif est connoté par le vers 23 ?

6. À la 5ᵉ strophe, quelle conviction anime la poétesse ?
   Quels mots expriment cette volonté de croire ?

7. Au vers 26, à quoi le mot « chef » fait-il allusion ?
   Commentez la place de l'esprit du roi auprès de ce chef.

8. La 6ᵉ strophe appuie-t-elle le discours de la 5ᵉ ?
   Expliquez votre réponse.

9. Expliquez la pertinence des vers 39 à 41.

10. Énumérez les lieux où la poétesse exprime sa douleur.

11. Qu'est-ce que la Mort a abattu ? Commentez votre réponse.

12. Qu'est-ce que la Mort n'a su ruiner ?
13. Quel projet la poétesse conçoit-elle à partir du vers 58 ?
14. À quoi le pronom du vers 60 renvoie-t-il ?
15. À quel titre le roi François Ier est-il évoqué dans les deux dernières strophes ?

Écriture

1. Identifiez la figure de style des vers 4 à 6.
2. Identifiez la figure de style des vers 7 et 8.
3. Identifiez la figure de style du vers 10.
4. Identifiez la figure de style qui amorce la 3e strophe.
5. Identifiez la figure de style des vers 37 et 38.
6. Identifiez la figure de style des vers 43 et 44.
7. Identifiez la figure de style du vers 49.
8. Identifiez la tonalité adoptée à partir de l'avant-dernière strophe.
9. Établissez le champ lexical du combat dans les deux dernières strophes.

Analyse littéraire

1. Analysez l'enchaînement des sentiments et des idées dans ce poème.
2. Montrez comment les procédés de style favorisent l'évocation des sentiments.

Huitain composé par ladite dame auparavant sa mort (1549) (**p. 18**)

Compréhension

1. Qu'évoque la croix au vers 1 ?
2. Pourquoi, selon le vers 5, la croix attire « mon Âme à Dieu » ?
3. De quoi la poétesse se détache-t-elle ?

Écriture

1. Identifiez la figure de style présente dans les deux premiers vers.
2. Identifiez la figure de style du vers 3. Commentez-la.
3. Identifiez la figure de style du vers 6. Commentez-la.
4. Identifiez la figure de style que recouvre « quitter » au dernier vers. Commentez-la.

L'Heptaméron
Deuxième nouvelle (p. 19)

Compréhension

1. Le jour du crime, où Marguerite de Navarre et le muletier se trouvent-ils ?
2. Comment le méchant valet peut-il s'introduire dans la chambre de sa victime ?
3. Pourquoi le valet est-il en simple chemise ? Pourquoi a-t-il une épée à la main ?
4. Comment la narratrice tente-t-elle d'expliquer la bestialité du valet ?
5. Qu'est-ce qui pousse le valet à frapper la femme de son épée ?
6. Expliquez le caractère particulièrement révoltant de ce viol.
7. Qui appelle les voisins à l'aide ?
8. Comment la muletière meurt-elle ?
9. Comment son mari apprend-il la nouvelle ? Pourquoi a-t-il une double raison d'être en deuil ? Quel geste vient-il sur le point de commettre ?
10. Résumez le commentaire de Dame Oisille (lignes 80 et suivantes) sur la chasteté.

Écriture

1. Identifiez et expliquez la figure de style qui se trouve au début de la ligne 10.
2. Remplacez l'adjectif « folle » (l. 13) par un synonyme qui respecte le contexte.
3. Identifiez la figure de style des lignes 32 à 35. Commentez-la.
4. Habituellement, le terme « embrasé » (l. 37) produit une métaphore associée à quel sentiment ? Commentez sa présente utilisation.
5. Identifiez la figure de style de la ligne 43. Expliquez-la.
6. Quelle tonalité est employée dans la narration pour décrire le crime ?
7. À la ligne 78, qui sont les folles et légères ?
8. Identifiez et expliquez la figure de style de la ligne 96.

Analyse littéraire

1. Analysez le discours moral de la nouvelle.
2. Démontrez que l'écriture donne une dimension tragique à ce fait vécu.

Dix-huitième nouvelle (p. 22)

Compréhension

1. À quel âge et comment le jeune seigneur devient-il un modèle de vertu?
2. Quelle ruse Amour emploie-t-il? Dans quel but?
3. D'où provient la délicatesse d'attitude du jeune seigneur dans sa liaison amoureuse? Cette délicatesse réussit-elle à conquérir le cœur de la dame?
4. Quel premier piège la dame impose-t-elle au jeune seigneur? Fléchit-il? Que conclut la dame?
5. Quel second piège la dame impose-t-elle au jeune seigneur? S'y soumet-il?
6. Quelle est la conclusion du second piège? Comment le jeune seigneur réagit-il en découvrant la ruse? Que conclut la dame?
7. Qui incite le jeune seigneur au pardon?
8. Quel piège l'auditoire considère-t-il le plus difficile?

Écriture

1. Établissez le champ lexical du feu entre les lignes 14 et 19. Quelle métaphore recouvre ce champ lexical?
2. Établissez le champ lexical du combat entre les lignes 21 et 32. Quelle métaphore recouvre ce champ lexical?
3. Identifiez la figure de style de la ligne 108.
4. Identifiez la figure de style de la ligne 133.

Analyse littéraire

1. Montrez que la nouvelle offre une vision fantaisiste des rapports amoureux en raison d'une structure et de références qui l'apparentent au conte courtois.
2. Démontrez que presque tous les membres de l'auditoire ne fondent pas leur vision de la nouvelle sur le sexisme.

Quarante-troisième nouvelle (p. 26)

Compréhension

1. Que réprouve Jambicque dans la vie en société ?
2. Comment la compagnie considère-t-elle la demoiselle ?
3. Pendant combien de temps Jambicque résiste-t-elle à l'amour ?
4. Pourquoi ne veut-elle point révéler au seigneur l'amour dont il fait l'objet ?
5. Quelle ruse permet à la demoiselle de se livrer à l'amour sans révéler son identité ?
6. Que promet le gentilhomme à la mystérieuse inconnue ?
7. Qu'est-ce qui détermine le gentilhomme à céder aux avances de la dame bien qu'il ne puisse la voir ?
8. Comment le gentilhomme sait-il que la demoiselle est une femme mariée ?
9. Comment le gentilhomme pourra-t-il revoir la mystérieuse inconnue ?
10. Quelle superstition inquiète le gentilhomme ?
    Quelle action lui fait-elle entreprendre ?
11. Quelle ruse permet au gentilhomme de connaître l'identité de la mystérieuse inconnue ?
12. Qu'est-ce qui déclenche la colère furibonde de Jambicque ?
    Quelle sera sa vengeance ?
13. Résumez le commentaire de Géburon qui débute à la ligne 160.
14. Quel est le sujet de discorde entre Hircan et Parlamente ?

Écriture

1. Quelle figure de style parcourt la phrase qui débute à la ligne 20 ?
2. Identifiez la figure de style de la ligne 98.
3. Quelle tonalité le gentilhomme emploie-t-il au début de son entretien au jardin avec Jambicque ?
   Cette tonalité se modifie-t-elle au fil de la conversation ?
4. Quelle tonalité Jambicque emploie-t-elle dans ses réponses ?
   Cette tonalité se modifie-t-elle ?
5. Identifiez la figure de style dans la phrase qui débute à la ligne 166.

6. Identifiez la figure de style contenue dans la réplique d'Hircan de la ligne 173.
7. Quelle tonalité chaque « devisant » emploie-t-il pendant le débat ?

Analyse littéraire

1. Montrez que ni la femme ni l'homme ne sont présentés sous leur beau jour dans cette nouvelle.
2. Montrez ce qui détermine les variations de tonalité dans les conversations de la nouvelle et du débat.

SOIXANTE-SEPTIÈME NOUVELLE (P. 32)

Compréhension

1. Pourquoi Roberval abandonne-t-il un mari et sa femme sur une petite île dans l'estuaire du Saint-Laurent ?
2. La présence de lions (l. 25) paraît-elle plausible ?
   Comment comprendre leur présence ?
3. Comment le mari meurt-il ?
4. Comment la femme survit-elle, seule sur l'île ?
5. Qui intervient pour la sauver ?
6. À qui les matelots du navire de l'armée attribuent-ils la survie de la femme sur l'île ?
7. Comment la femme est-elle accueillie à son retour en France ?
8. Résumez le commentaire de Dame Oisille.
9. Quel dieu païen est évoqué pendant la discussion de l'auditoire ? Pourquoi ?
10. Résumez le discours de Parlamente.

Écriture

1. Identifiez les trois figures de style que contient la phrase débutant à la ligne 40.
2. Identifiez la figure de style de la ligne 56.

Analyse littéraire

1. Analysez le discours religieux de cette nouvelle en tenant compte des commentaires qui lui font suite.

QUESTIONS SUR *GARGANTUA*

DE RABELAIS

COMMENT SON NOM FUT DONNÉ À GARGANTUA ET COMMENT IL HUMAIT LE VIN. (P. 37)

Compréhension

1. Sur quoi repose l'attribution du nom « Gargantua » à l'enfant de Grandgousier ?
2. Quelles similitudes y a-t-il ici entre les noms du père et du fils ?
3. Expliquez l'effet comique que suscite l'évocation des moyens mis en œuvre pour l'allaitement du nourrisson.
4. Qu'y a-t-il de cocasse dans l'accusation d'hérésie portée aux disciples de John Duns Scot ?
5. Quelles sont les activités favorites du poupon après un an et dix mois ?
6. Comment les gouvernantes réussissent-elles à conserver le bébé en joie ?

Écriture

1. Expliquez le sens de l'adjectif « horrible » à la ligne 2.
2. Expliquez la raison de l'invention de l'adverbe « mamellement » à la ligne 19.
3. Expliquez la tonalité que crée dans le contexte de la phrase l'alliance des mots « merveilleusement » et « flegmatique » à la ligne 28.
4. À la ligne 36, que souligne l'expression « en extase » ?
5. Expliquez l'usage de l'adjectif « divine » à la ligne 37.
6. À la ligne 41, quelle connotation similaire les mots « pianotant » et « barytonnant » véhiculent-ils ?

Analyse littéraire

1. Démontrez comment le gigantisme et l'excès servent à critiquer les croyances et les idées du XVIe siècle.
2. Rendez compte de la richesse du vocabulaire employé par Rabelais.

Comment Grandgousier reconnut la prodigieuse intelligence de Gargantua à l'invention d'un torche-cul. (p. 38)

Compréhension

1. Les retrouvailles de Grandgousier et de Gargantua donnent lieu à quelle étonnante activité entre un père et son très jeune enfant ?

2. Classez en trois catégories (objets, plantes, animaux) ce qui est employé à l'invention du meilleur torche-cul. Soulignez les éléments que Gargantua trouve excellents. Placez entre astérisques ceux qui lui causent du tort. Notez le seul élément qui n'appartient à aucune catégorie et précisez pourquoi il ne peut s'appliquer à l'expérience. Celle-ci vous semble-t-elle sérieuse ? Expliquez votre réponse.

3. Pourquoi Gargantua s'enrhume-t-il souvent (l. 55) ?

4. Dans le rondeau de la ligne 76, pourquoi le poète est-il empuanti ?

5. Que se font l'un à l'autre les personnages du rondeau de la ligne 76 ?

6. Grandgousier a-t-il raison de féliciter son fils pour son syllogisme qui débute à la ligne 98 ?

7. Selon Gargantua, quel est le meilleur torche-cul ? Quelle précaution doit-on prendre en l'utilisant ? Pourquoi ? Quelles sont ses qualités ?

8. La description de la transmission de la « volupté prodigieuse » (l. 120) que procure le meilleur torche-cul laisse-t-elle soupçonner les connaissances en médecine de Rabelais ? Expliquez votre réponse.

9. Comment Gargantua explique-t-il la béatitude des héros et des demi-dieux aux champs Élysées ?

10. Quels savoirs Gargantua met-il en opposition à partir de la ligne 125 ?

Écriture

1. Dans ce chapitre, combien de fois le verbe « torcher » est-il répété ? Quel effet l'auteur vise-t-il par ce procédé ?

2. Qualifiez la tonalité des deux vers aux lignes 50 et 51.

3. Combien de syllabes comptent la plupart des vers du poème de la ligne 57? Quelle disposition est observée dans les rimes?
4. Quelle tonalité tente de donner au rondeau le «Ô!» de la ligne 80? Y parvient-il? Expliquez votre réponse.
5. À la ligne 104, quel mot Rabelais forge-t-il? Expliquez cette invention.

Analyse littéraire
1. Démontrez comment, dans l'expérience de Gargantua, est critiquée la pensée scolastique et sont considérées supérieures les croyances populaires.
2. Analysez comment et pourquoi l'écriture de Rabelais suscite le rire.

COMMENT GARGANTUA FUT ENVOYÉ À PARIS, ET DE L'ÉNORME JUMENT QUI LE PORTA ET COMMENT ELLE FIT DISPARAÎTRE LES MOUCHES À BŒUFS DE LA BEAUCE. (P. 44)

Compréhension
1. Pourquoi Grandgousier est-il rassuré par la taille de la jument?
2. Expliquez le sens parodique de la maxime qui débute à la ligne 21.
3. Quelle réputation les Beaucerons ont-ils?

Écriture
1. Identifiez la figure de style des lignes 2 et 3.
2. Identifiez les figures de style des lignes 5 et 6. Quelles qualités sont accordées à la jument?
3. Identifiez la figure de style de la ligne 11.
4. Relevez le champ lexical du combat dans le paragraphe qui débute à la ligne 28. Expliquez l'utilisation de ce champ lexical.

Analyse littéraire
1. Démontrez la diversité des attaques contenues dans le chapitre.
2. Démontrez que l'écriture concourt par des allusions et des images à évoquer le gigantisme de Gargantua.

Comment Gargantua paya sa bienvenue aux Parisiens et comment il prit les grosses cloches de l'église Notre-Dame. (p. 46)

Compréhension

1. Énumérez les « qualités » données au peuple de Paris dans le paragraphe qui débute à la ligne 1. Comment Rabelais fait-il ici la promotion de l'évangélisme ?
2. Pourquoi Gargantua se fâche-t-il contre les Parisiens ?
3. Quel châtiment leur impose le géant ?
4. Au paragraphe qui débute à la ligne 37, quelle institution se trouve indirectement attaquée ? Que reproche-t-on à ses membres ?
5. Quelles raisons poussent Rabelais à supprimer la parenthèse des lignes 46 et 47 ?
6. À quel événement politique renvoie l'allusion de la ligne 51 ?
7. Au paragraphe qui débute à la ligne 52, quelle institution se trouve ridiculisée ? Que reproche-t-on à ses membres ?

Écriture

1. Que signifie l'expression « par ris » ? Combien de fois est-elle répétée dans le chapitre ? Pourquoi ?
2. Est-ce qu'une certaine cruauté se mêle au rire dans le paragraphe qui débute à la ligne 13 ? Expliquez votre réponse.
3. Quelle allusion grivoise a pour origine le mot « Blanchette » (l. 24) ?
4. Quelle allusion insultante a pour origine le mot « Parrhésiens » (l. 31) ?
5. Quelle connotation donne le verbe « ergoté » (l. 55) aux discussions des membres de la faculté de Paris ?

Analyse littéraire

1. Analysez la critique sociale et politique que soutient ce chapitre.
2. Démontrez comment les expressions, les verbes, les (fausses) références permettent de critiquer le peuple de Paris et les institutions de la ville.

Comment Gargantua mangea six pèlerins en salade. (p. **48**)

Compréhension

1. Pourquoi les pèlerins ne révèlent-ils pas leur présence à Gargantua ?
2. Que conseille Grandgousier à son fils ? Ce dernier lui obéit-il ?
3. Une fois dans la bouche de Gargantua, où les pèlerins croient-ils être ?
4. Par quoi les pèlerins viennent-ils près d'être noyés ?
5. Dans quelles circonstances les pèlerins sont-ils rejetés de la bouche de Gargantua ?
6. Que laisse supposer la mésaventure du pèlerin dont le chancre se trouve percé par Gargantua ?
7. Que comprendre de la longue explication théologique du pèlerin Lasdaller ?

Écriture

1. Identifiez la figure de style qui débute à la ligne 7.
2. Identifiez la figure de style de la ligne 17.
3. Identifiez la figure de style de la ligne 29. Expliquez-la.
4. Identifiez la figure de style de la ligne 31. Expliquez-la.
5. Quelle connotation renferme l'expression « messieurs les pèlerins » (l. 40) ?

Analyse littéraire

1. Analysez le point de vue des pèlerins sur leur aventure. Est-il cohérent ? Est-il risible ?
2. Montrez que l'écriture ne cesse par tous les moyens de discréditer l'intelligence et les mœurs des pèlerins.

QUESTIONS SUR LES POÈMES

DE MAROT

BALLADE DE FRÈRE LUBIN (**P. 53**)
(*L'Adolescence clémentine,* Ballades, 3)

Compréhension

1. Établissez le thème de la déchéance du héros dans chaque strophe.
2. D'une strophe à l'autre, le frère Lubin s'enfonce-t-il dans le vice et la déchéance morale ? Expliquez.

Écriture

1. Quelle est la disposition des rimes du poème ?
2. Combien de syllabes chaque vers compte-t-il ?
3. Combien de vers chaque strophe compte-t-elle ?

À UN POÈTE IGNORANT (**P. 55**)
(*L'Adolescence clémentine,* Rondeaux, 7)

Compréhension

1. Que reproche le narrateur au poète ignorant ?
2. Que propose le narrateur au coquardeau ?

Écriture

1. Quelle tonalité se dégage du rondeau ?
2. Quelles sont les particularités de la 2e strophe du rondeau ?
3. Quel vers ne respecte pas l'alternance des deux rimes ? Tentez une explication.

DE SA GRAND'AMIE (**P. 56**)
(*L'Adolescence clémentine,* Rondeaux, 39)

Compréhension

1. Quel sentiment se mêle ici à l'amour ?
2. Énumérez les qualités de la grand'amie.

3. Citez le vers qui évoque le chaste sentiment d'amour.

Écriture

1. Quelle tonalité se dégage du rondeau ?
2. Quels sons les deux rimes du rondeau font-elles entendre ? Influencent-ils la tonalité de la pièce ?

Secourez-moi, ma Dame, par amours… (p. 57)
(*L'Adolescence clémentine*, Chansons, 2)

Compréhension

1. Résumez le discours du narrateur dans la 1re strophe.
2. Résumez le discours du narrateur dans la 2e strophe.
3. Résumez le discours du narrateur dans la 3e strophe.

Écriture

1. Établissez le champ lexical du péril dans la 1re strophe.
2. Identifiez les antithèses (ou oppositions) dans le vers 8.
3. Identifiez la figure de style des vers 11 et 12. Répétez le même exercice pour la rime des vers 13 et 14.
4. Identifiez et expliquez la figure de style du vers 19.
5. Identifiez et expliquez la figure de style du vers 20.

Analyse littéraire

1. Analysez la vision de l'amour des divers poèmes issus de l'*Adolescence clémentine*.
2. Montrez quelle tonalité se dégage de l'ensemble des œuvres.

De la rose envoyée pour étrennes (p. 58)
(*Les Épigrammes*, I, 2)

Compréhension

1. Quels sont les compléments et le sujet du verbe « pourvoit » au vers 2 ?
2. À qui le poète s'adresse-t-il dans la 1re strophe ?

3. Qui se blesse dans le jardin ?
4. Quelle conséquence a cette blessure pour les roses ?
5. Quel visage le poète compare-t-il à la rose ? Pourquoi ?

Écriture

1. Établissez le champ lexical du corps dans tout le poème.
2. Combien le poème compte-t-il de fois le mot « rose » ?
3. Pourquoi la première mention présente-t-elle une majuscule ?

Analyse littéraire

1. Analysez le lien qu'entretiennent le discours amoureux et les récits mythologiques.
2. Analysez l'accent mis sur le corps par les procédés littéraires.

HUITAIN (DE SOI-MÊME) (P. 59)
(*Les Épigrammes*, III, 53)

Compréhension

1. Quel sentiment domine les deux premiers vers de cette épigramme ? Expliquez votre réponse.
2. Expliquez le vers 6.
3. Quelle est la disposition des rimes dans ce poème ?

Écriture

1. Identifiez et expliquez la figure de style des vers 3 et 4. Quelle tonalité donne-t-elle au poème ?

Analyse littéraire

1. Montrez comment le poème mêle légèreté et profondeur.
2. Montrez comment les procédés de style allègent le regard sur le vieillissement.

LE BEAU TÉTIN (P. 60)
(1536)

Compréhension

1. Quelles qualités sont accordées au tétin dans les deux premiers vers ?

2. Expliquez le vers 3.

3. Quelles qualités évoquent les vers 11 à 13 ?

4. Que veulent dire les vers 16 et 17 ?

5. Expliquez la cause de l'envie mentionnée au vers 19. Qui la ressent ?

6. Décrit comme un objet de beauté dans la première strophe et un objet de désir dans la deuxième, que devient le tétin dans la dernière ?

Écriture

1. Identifiez et expliquez la figure de style du vers 8.

2. Quelle particularité d'écriture offre le vers 9 ?

3. Quelle figure rhétorique présente le vers 27 ?

4. Quels adjectifs avantagent la femme par rapport à la pucelle ? Discutez cet avantage.

Analyse littéraire

1. Montrez que, dans toutes ses parties, le poème demeure un respectueux hommage à la femme.

2. Montrez que les procédés d'écriture renouvellent constamment la vision du tétin.

L'ADIEU ENVOYÉ AUX DAMES DE LA COUR, AU MOIS D'OCTOBRE 1537 (P. 62)

(*Les Épîtres*, 23)

Compréhension

1. Comment, dès les premiers vers, le poème marque-t-il le destin du poète et l'obsession de ses regrets ?

2. Citez le vers qui révèle la cause de cet adieu.

3. Quels divertissements sont énumérés dans l'épître jusqu'au vers 14 ?

4. Qu'évoquent les vers 15 à 26 ?

5. Quel est le « maître » dont il est mention au vers 28 ?

6. À qui le soldat désire-t-il offrir les honneurs dont il peut se couvrir à la guerre ?

Écriture

1. Quelle est la disposition des rimes de l'épître?
2. Quelle est la qualité de la rime des vers 19 et 20?
   Des vers 35 et 36? Des deux derniers vers?

Analyse littéraire

1. Analysez la présence de la joie de vivre et de l'antimilitarisme dans le poème.
2. Montrez comment le poème conserve sa tonalité légère.

QUESTIONS SUR LES POÈMES

DE JOACHIM DU BELLAY

DÉJÀ LA NUIT EN SON PARC AMASSAIT… (P. **65**)
(*L'Olive*, 83)

Compréhension

1. Quel est le sujet du verbe « chassait » au vers 4 ?
2. Qui va « fuyant le jour » ?
3. Où se trouve la nymphe (vers 11) et par quoi se trouve-t-elle éclairée ?
4. Qui est la « nouvelle Aurore » ?
5. Pourquoi le jour est-il honteux (vers 13) ?
6. Quelle couleur le jour honteux donne-t-il à l'Angevin et l'indique orient ?

Écriture

1. Établissez le champ lexical de la rentrée du troupeau dans la première strophe.
2. Identifiez et expliquez la figure de style au vers 2.
3. Identifiez et expliquez la figure de style au vers 3.
4. Identifiez et expliquez la figure de style au vers 6.
5. Identifiez et expliquez la figure de style au vers 7.
6. Identifiez et expliquez la figure de style au vers 8.
7. Identifiez et expliquez la figure de style au vers 9.
8. Identifiez et expliquez la figure de style aux vers 13 et 14.

Analyse littéraire

1. Analysez comment les thèmes de la nature et de la femme influent l'un sur l'autre dans ce poème.
2. Montrez que les procédés de style rehaussent ici la valeur de l'évocation de la nature et de la femme.

Ceux qui sont amoureux, leurs amours chanteront… (p. 66)
(*Les Regrets*, 5)

Compréhension

1. À qui le poète fait-il référence quand il évoque « ceux qui » ?
   À qui les oppose-t-il ?
2. Expliquez la logique du vers 5.
3. Le poème attaque-t-il les vertueux au vers 6 ?
   Expliquez votre réponse.
4. Expliquez le sens du dernier vers.

Écriture

1. Quelle figure de style recouvre le poème tout entier ?
2. Quelle est la disposition des rimes des quatrains ?
3. Identifiez la figure de style au vers 13.

Analyse littéraire

1. Montrez que l'expression du malheur paraît aussi valable que
   celle des connaissances, de la morale et de la sensibilité humaines.

Maintenant je pardonne à la douce fureur… (p. 67)
(*Les Regrets*, 13)

Compréhension

1. Qu'est-ce que « le meilleur de mon âge » (vers 2) ?
2. Qu'est-ce que l'« ingrat ouvrage » (vers 3) ?
3. Qu'est-ce que « le vain passe-temps » (vers 4) ?
4. Quel verbe est répété dans les deux quatrains ?
5. À quoi l'écriture de poèmes est-elle utile selon le deuxième
   quatrain ? Faut-il prendre cela au sens propre ou littéral ?
   Expliquez votre réponse.

Écriture

1. Quelle disposition de rimes emploient les deux quatrains ?
2. Identifiez et expliquez la figure de style du premier vers.
3. Donnez un synonyme de « fruit » (vers 3).
4. Identifiez et expliquez la figure de style au vers 5.

5. Identifiez et expliquez la figure de style aux vers 9 et 10.

6. Identifiez et expliquez la figure de style au vers 11.

7. Identifiez et expliquez la finesse de la figure de style au vers 12.

8. Identifiez et expliquez la figure de style au vers 13.

Analyse littéraire

1. Montrez comment et pourquoi l'écriture devient précieuse au poète.

2. Démontrez l'importance des antithèses dans ce poème sur l'écriture.

HEUREUX QUI, COMME ULYSSE, A FAIT UN BEAU VOYAGE... (P. **68**)
(*Les Regrets*, 31)

Compréhension

1. Quels héros mythologiques le poète envie-t-il ? Pourquoi ?

2. Que veut dire la périphrase « le reste de son âge » au vers 4 ?

3. Résumez le sens du deuxième quatrain.

4. Commentez l'emploi de « mes aïeux » au vers 9.

5. Commentez l'emploi de l'adjectif « audacieux » au vers 10.

6. Pourquoi le poète oppose-t-il au dernier vers « l'air marin » à « la douceur angevine » ?

Écriture

1. Identifiez la figure de style répétée dans les deux premiers vers.

2. Identifiez la figure de style au vers 6.

3. Identifiez les deux figures de style aux vers 7 et 8.

4. Identifiez et expliquez la figure de style au vers 11.

5. Le vers 12 contient-il des éléments communs ou opposés ?

6. Identifiez et expliquez la figure de style au vers 13.

Analyse littéraire

1. Montrez que la nostalgie s'accompagne d'une valorisation de la patrie.

2. Montrez que les procédés de style favorisent la patrie au détriment de Rome.

*Si les larmes servaient de remède au malheur… (**p. 69**)*
(*Les Regrets*, 52)

Compréhension

1. À qui le poète s'adresse-t-il?
2. Que voudrait-il faire si les larmes servaient de remède au malheur?
3. Pourquoi les larmes sont-elles sans valeur?
4. D'où provient l'humeur qui provoque les larmes?
5. Quelle est la conclusion du poème sur l'utilité des larmes?

Écriture

1. Établissez le champ lexical de la tristesse dans tout le poème.

Analyse littéraire

1. Démontrez comment se déploie le discours contre les larmes.
2. Montrez comment le riche vocabulaire permet de repousser la tristesse.

*Vous dites, courtisans : les poètes sont fous… (**p. 70**)*
(*Les Regrets*, 149)

Compréhension

1. Les courtisans ont-ils raison de rire de la folie des poètes?
2. Les courtisans sont-ils eux-mêmes un peu fous?
3. Qui, au vers 4, est déclaré fou?
4. Qu'est-ce exactement que la « prose » au vers 7?
5. Qu'est-ce que le « cœur favorable » au vers 9?
6. Pourquoi les poètes ont-ils moins de souci et les courtisans, plus d'honneurs?
7. À quel acte les clans rivaux se livrent-ils réciproquement?
8. D'où vient la supériorité des poètes sur les courtisans?

Écriture

1. Par quel euphémisme le poète désigne-t-il la folie?
2. Identifiez la tonalité du poème.
   Expliquez votre réponse.

Analyse littéraire
1. Montrez comment les courtisans se trouvent graduellement rabaissés et les poètes, élevés.

NOUVEAU VENU, QUI CHERCHES ROME EN ROME... (P. 71)
(*Les Antiquités de Rome*, 3)

Compréhension
1. Pourquoi le verbe « cherches » présente-t-il une terminaison en « es » ?
2. Qu'est-ce que le nouveau venu cherche en Rome ?
3. Pourquoi n'aperçoit-il rien de Rome ?
4. Expliquez le rapprochement entre les mots « orgueil » et « ruine » au vers 5.
5. Pourquoi Rome est-elle le seul monument de Rome ?
6. Pourquoi le Tibre, toujours intact, traverse-t-il Rome ?

Écriture
1. Combien d'occurrences de « Rome » le poème compte-t-il ? Lesquelles renvoient à la ville de l'Antiquité ?
2. Quels sont les deux mots que le poète répète trois fois ?
3. Identifiez la figure de style au vers 8.
4. Identifiez et expliquez la figure de style répétée dans les deux derniers vers.

Analyse littéraire
1. Analysez le regard du poète sur le passé de Rome.
2. Montrez que les répétitions et les procédés de style favorisent l'évocation du passé de Rome.

QUI A VU QUELQUEFOIS UN GRAND CHÊNE ASSÉCHÉ... (P. 72)
(*Les Antiquités de Rome*, 28)

Compréhension
1. À qui s'adresse le poème ?
2. Le pied du chêne est-il bien fiché en terre ? Expliquez votre réponse.

3. Dans le deuxième quatrain, quelle connotation générale se dégage de la description de l'arbre?
4. Qu'est-ce qui menace la survie du chêne?
5. Qui le révère?
6. Pourquoi le dernier tercet commence-t-il par « Qui »?
7. Quelle comparaison, dans le dernier tercet (la chute), est établie entre le vieux chêne et Rome?

Écriture

1. Établissez le champ lexical du vieillissement dans le poème entier.
2. Établissez le champ lexical de la nature dans le poème entier.
3. Identifiez la figure de style au vers 6.
   Quelle connotation prête-t-elle au chêne?
4. Quelle est la disposition des rimes dans les quatrains?
5. Quelle tonalité maintient de bout en bout le poème?
   Expliquez votre réponse.

Analyse littéraire

1. Analysez comment le poète présente la mort avec noblesse, respect et gravité.
2. Montrez comment les procédés de style favorisent l'évocation de la décrépitude et de la survie.

D'UN VANNEUR DE BLÉ AUX VENTS (P. 73)
(*Divers jeux rustiques, Vœux rustiques*, 3)

Compréhension

1. Qui est le narrateur de ce poème?
2. À qui s'adresse-t-il?
3. Pourquoi offre-t-il des fleurs aux vents?
4. De quoi souffre le narrateur?
5. À quelle tâche s'est-il astreint?

Écriture

1. Combien de syllabes chaque vers compte-t-il? Donnez un exemple.

2. Identifiez et expliquez la figure de style du premier vers.
3. Identifiez la figure de style au vers 2.
4. Établissez le champ lexical du vent.
5. Établissez le champ lexical de la végétation.
6. Dans chaque strophe, trouvez le mot qui s'oppose le mieux à la chaleur.

Analyse littéraire

1. Montrez comment la joie parcourt ce poème.
2. Montrez que les procédés de style et le vocabulaire donnent lieu à une joyeuse évocation de la nature.

QUESTIONS SUR LES POÈMES

DE RONSARD

MIGNONNE, ALLONS VOIR SI LA ROSE... (P. 75)
(*Odes*, I, 17)

Compréhension

1. Comment sait-on que, dans chaque strophe, le poète s'adresse à une jeune femme?
2. Qu'est-il arrivé à la rose ce matin-là? À quel moment se déroule l'observation de la fleur?
3. Qu'espère-t-on que la rose n'ait point perdu?
4. Qu'est-il arrivé à la rose?
5. Qui est accusé de ce désastre?
6. Quelle leçon, tirée de l'événement, le poète propose-t-il à sa compagne?

Écriture

1. Quelle tonalité emprunte chaque strophe de cette ode?
2. Identifiez et expliquez la figure de style au vers 3.
3. Identifiez et expliquez la figure de style au vers 5.
4. Identifiez et expliquez la figure de style au vers 9.
5. Identifiez la figure de style au vers 10.
6. Identifiez la figure de style aux vers 14 et 15.
7. Identifiez et expliquez la figure de style aux vers 16 et 17.
8. Identifiez et expliquez la figure de style des deux derniers vers.

Analyse littéraire

1. Montrez comment un événement banal du quotidien conduit à une leçon sur la condition humaine.
2. Analysez comment la finesse du style conserve au propos une délicatesse qui empêche la femme à qui il s'adresse de se froisser.

J'AI L'ESPRIT TOUT ENNUYÉ... (P. 76)
(*Odes*, II, 18)

Compréhension

1. Pourquoi le poète n'aime-t-il pas l'étude?
2. Quelle activité préfère-t-il?
3. Qui sont ceux que le poète ne voudrait pas louer?
4. Selon le poète, à quoi sert l'étude?
5. Quel destin fait considérer futile l'étude?
   Quand peut-il frapper?
6. Que prépare le serviteur du poète dans la troisième strophe?
   Que doit-il aller chercher?
7. Que déteste et qu'aime manger le poète en été?
8. Que craint par-dessus tout le poète?

Écriture

1. Quelle disposition observent les rimes de ce poème?
2. Comment nomme-t-on ces vers? Et ces strophes?
3. Établissez le champ lexical des plaisirs.
4. Identifiez la figure de style au vers 35.

Analyse littéraire

1. Démontrez que ce poème exprime une joie et une douceur de vivre teintées d'angoisse.

PRENDS CETTE ROSE AIMABLE COMME TOI... (P. 78)
(*Les Amours, Amours de Cassandre*, I, 96)

Compréhension

1. Quel est le sujet du verbe « sers » aux vers 2 et 3?
   Quels compliments reçoit ce sujet? De qui?
2. Quelle qualité le poète se donne-t-il dans le second quatrain?
3. À qui la rose est-elle comparée dans le premier tercet?

Écriture

1. Identifiez la figure de style au vers 1.

2. Identifiez les figures de style au vers 2.

3. Identifiez les figures de style au vers 3.

4. Identifiez les figures de style aux vers 7 et 8.

5. Identifiez les figures de style aux vers 10 et 11.

6. Identifiez les figures de style aux vers 11 et 12.

7. Identifiez la figure de style du dernier vers.

Analyse littéraire

1. Montrez comment se développe la déclaration d'amour de ce poème.

2. Démontrez que les procédés de style décuplent l'évocation de la force du sentiment amoureux.

LE VINGTIÈME D'AVRIL, COUCHÉ SUR L'HERBELETTE... (P. 80)
(*Les Amours, Amours de Marie*, I, 4)

Compréhension

1. Est-il possible que ce poème soit un rêve ?
   Expliquez votre réponse.

2. Quelle attitude le chevreuil présente-t-il ?

3. Quelles parties du corps de l'animal retiennent l'attention du poète ?

4. Quelle attitude le poète adopte-t-il sitôt qu'il a vu le chevreuil ? Quelle réaction l'animal présente-t-il ?

5. Comment se termine la mésaventure ?

Écriture

1. Quelle est la disposition des rimes des quatrains ?

2. Identifiez et expliquez la figure de style au vers 7.

3. Identifiez la figure de style du dernier vers.

Analyse littéraire

1. Montrez que la mésaventure du poète est une transposition de ses amours déçues.

MARIE, QUI VOUDRAIT VOTRE NOM RETOURNER... (P. 81)
(*Les Amours, Amours de Marie*, I, 9)

Compréhension

1. Quel verbe apparaît quand les lettres du nom « Marie » sont placées dans un autre ordre ?
2. Dans le premier quatrain, que conclut le poète de cette anagramme (mot formé de lettres identiques dans un ordre différent) ? Quel argument appuie cette conclusion ?
3. Dans le deuxième quatrain, l'échange des cœurs paraît-il équitable ? Que promet le poète à Marie ?
4. D'après le poète, quel devoir s'impose à Marie dans le premier tercet ? Quelles seraient les conséquences d'ignorer cela ?
5. Sur quelle idée se conclut le sonnet ?

Écriture

1. Quelle tonalité emprunte de bout en bout ce poème ? Expliquez votre réponse.
2. Combien de fois le verbe « aimer » est-il répété ?
3. Identifiez la figure de style au vers 4 ?
4. Identifiez et expliquez la figure de style au vers 8.
5. Identifiez et expliquez la figure de style au vers 12.

Analyse littéraire

1. Montrez que le poème se révèle une déclaration d'amour enjouée.

MARIE, LEVEZ-VOUS, MA JEUNE PARESSEUSE... (P. 82)
(*Les Amours, Amours de Marie*, I, 19)

Compréhension

1. Quel défaut le poète prête-t-il à Marie ? Le lui reproche-t-il durement ? Expliquez votre réponse.
2. Quelle action Marie a-t-elle accomplie la veille au soir ?

3. Qu'a-t-elle juré ?
4. Qu'est-ce qui est gracieux (agréable) aux filles ?
5. Comment le poète « punit-il » Marie de ne pas se lever au matin ?

Écriture

1. Quelle tonalité le poème emprunte-t-il ?
2. Établissez le champ lexical de la nature.
3. Établissez le champ lexical de la femme aimée.

Analyse littéraire

1. Démontrez que le poète se sert d'un reproche comme prétexte pour accorder plus d'amour et d'attention à Marie.
2. Montrez que le vocabulaire du poème lui confère une atmosphère matinale, empreinte de sensualité.

COMME ON VOIT SUR LA BRANCHE AU MOIS DE MAI LA ROSE... (P. 83)
(*Les Amours, Amours de Marie*, II, 4)

Compréhension

1. Quel est le double sens du mot « ardeur » au vers 7 ? Lequel s'oppose à « pluie » ? Que laisse entendre l'autre sens ? Le participe passé « battue » semble-t-il bien s'accorder aux deux ?
2. Quel est le premier vers qui évoque avec précision une femme ? Quel indice donne ce vers sur les liens entre le poète et cette femme ?
3. Qu'est-il arrivé à Marie ?
4. Au vers 12, pourquoi le poète emploie-t-il deux synonymes pour dire qu'il pleure ?
5. Les offrandes païennes au vers 13 conviennent-elles aux obsèques de Marie ?

Écriture

1. Prouvez que le poème est une vaste comparaison.
2. Quels mots au vers 2 renvoient à une femme plus qu'à une rose ?
3. Identifiez la figure de style au vers 4.
4. Quelle tonalité empruntent les vers 7 et 8 ?
5. Quel mot au vers 9 est repris d'un vers précédent ? Quel effet suscite cette répétition ?

6. Identifiez et expliquez la figure de style au vers 10.

7. Identifiez et expliquez les figures de style du dernier vers.

Analyse littéraire

1. Montrez que le poète exprime avec force et délicatesse sa tristesse à la mort de Marie.

2. Montrez que la comparaison imprime au poème une ampleur qui rehausse l'évocation.

L'*AUTRE JOUR QUE J'ÉTAIS SUR LE HAUT D'UN DEGRÉ... (*P. **84**)
(*Les Amours, Sonnets pour Hélène*, I, 9)

Compréhension

1. Résumez le petit événement que raconte le poème.

2. Au vers 10, outre la blancheur, quelles qualités acquiert la main par l'évocation d'un cygne?

3. Pourquoi l'œil d'Hélène se contente d'être victorieux? Quel sentiment cela révèle-t-il?

Écriture

1. Identifiez la figure de style au vers 6.

2. Identifiez la figure de style au vers 7.

3. Identifiez la figure de style au vers 8.

4. Identifiez la figure de style au vers 11.

5. Identifiez et expliquez la figure de style du dernier vers.

Analyse littéraire

1. Montrez que la banalité et la simplicité de l'événement contribuent à l'évocation d'un profond sentiment amoureux.

2. Montrez comment les procédés de style présentent les qualités d'Hélène.

T*E REGARDANT ASSISE AUPRÈS DE TA COUSINE... (*P. **85**)
(*Les Amours, Sonnets pour Hélène*, I, 16)

Compréhension

1. Qui le poète surprend-il, assises côte à côte?

2. Quelle est la région d'origine de la cousine?
3. Quel sentiment le poète ressent-il dans le dernier tercet? Expliquez votre réponse.

Écriture

1. Identifiez et expliquez la figure de style redoublée au vers 2.
2. Identifiez la figure de style aux vers 3 et 4.
3. Établissez le champ lexical du corps.
4. Identifiez la figure de style au vers 5.
5. Identifiez les figures de style aux vers 6 et 7. Établissez un lien entre elles.
6. Identifiez et expliquez la figure de style au vers 12.
7. Identifiez la figure de style du dernier vers.

Analyse littéraire

1. Analysez les rapports entre les êtres dans ce poème.
2. Montrez comment le vocabulaire et les procédés de style expriment des attitudes et des sentiments.

QUAND VOUS SEREZ BIEN VIEILLE, AU SOIR, À LA CHANDELLE... (P. 86)
(*Les Amours, Sonnets pour Hélène*, II, 43)

Compréhension

1. Le poème décrit-il une réalité présente ou une projection dans l'avenir? Pourquoi?
2. Quel sentiment se trouve associé à la vieillesse dans le premier quatrain? Qu'est-ce qui fait surgir ce sentiment?
3. Pourquoi la servante d'Hélène ne l'écoute-t-elle pas?
4. Où se trouvera Ronsard quand Hélène repensera à lui?
5. Pourquoi la louange de Ronsard est-elle «immortelle»?
6. Expliquez la répétition du verbe «être» au futur au début des vers 9 et 11.

Écriture

1. Identifiez et expliquez la figure de style au vers 12.
2. Identifiez la tonalité du vers 13. Expliquez votre réponse.

3. Identifiez et expliquez la figure de style du dernier vers.

Analyse littéraire

1. Montrez comment le poète cherche à séduire Hélène.
2. Montrez que l'écriture impose une vision idéalisée de l'amour.

JE N'AI PLUS QUE LES OS, UN SQUELETTE JE SEMBLE... (P. 87)
(*Derniers vers*, Sonnets, 1)

Compréhension

1. Quel sentiment ressent le poète devant son état physique ?
2. Qui ne sauraient guérir le poète ?
3. Pourquoi le poète fait-il ses adieux au soleil ?
4. Quelle est l'attitude des amis devant la mort du poète ?
5. Pourquoi le poète s'en va-t-il préparer une place pour ses amis ?

Écriture

1. Quelles tonalités se succèdent dans chaque strophe du poème ? Expliquez-les.
2. Identifiez la figure de style au vers 2.
3. Identifiez la figure de style au vers 10.

Analyse littéraire

1. Analysez les sentiments associés ici à la mort.

QUESTIONS SUR LES POÈMES

DE LOUISE LABÉ

Depuis qu'Amour cruel empoisonna… (p. 89)
(*Sonnets*, 4)

Compréhension
1. Par qui et pourquoi le cœur de la poétesse n'est-il plus abandonné?
2. Expliquez le sens du premier tercet.
3. Qui méprise les Dieux et les hommes?
4. Qui veut paraître plus fort contre les forts?

Écriture
1. Identifiez et expliquez la figure de style aux vers 5, 6 et 7.
2. Identifiez la figure de style au vers 8.
3. Identifiez la figure de style au vers 11.
4. Établissez le champ lexical du feu et celui du combat dans ce poème.

Analyse littéraire
1. Montrez comment le poème valorise et dévalorise l'amour.
2. Montrez que les procédés d'écriture évoquent les sensations qu'impose l'amour.

On voit mourir toute chose animée… (p. 90)
(*Sonnets*, 7)

Compréhension
1. Expliquez le sens du premier quatrain.
2. Qui est le corps évoqué au vers 7?
3. Quelle «part et moitié estimée» doit être rendue au corps?
4. En quoi une nouvelle rencontre, une nouvelle entrevue entre l'ami et la poétesse serait-elle dangereuse?

5. Pourquoi la beauté de l'ami, jadis cruelle, pourrait devenir favorable?

Écriture
1. Quelle tonalité ce poème emprunte-t-il? Expliquez votre réponse.
2. Identifiez la figure de style du dernier vers.

Analyse littéraire
1. Montrez comment le poème exprime le désir.
2. Montrez comment les procédés d'écriture évoquent l'union de l'homme et de la femme.

JE VIS, JE MEURS; JE ME BRÛLE ET ME NOIE… (P. 91)
(*Sonnets*, 8)

Compréhension
1. Globalement, quel sentiment le poème exprime-t-il?
2. À quoi fait référence l'expression «Mon bien» au vers 7?
3. Expliquez le sens des tercets.

Écriture
1. Identifiez et expliquez les figures de style au vers 1.
2. Identifiez et expliquez la figure de style au vers 2.
3. Identifiez et expliquez la figure de style au vers 3.
4. Identifiez et expliquez la figure de style au vers 4.
5. Identifiez et expliquez la figure de style au vers 5.
6. Identifiez et expliquez la figure de style au vers 6.
7. Identifiez la figure de style du vers 8.

Analyse littéraire
1. Montrez que le sentiment exprimé par le poème ne connaît pas de quiétude.
2. Montrez comment les figures de style illustrent la complexité du sentiment exprimé.

TOUT AUSSITÔT QUE JE COMMENCE À PRENDRE... (P. 92)
(*Sonnets*, 9)

Compréhension

1. Où et quand l'esprit de la poétesse la quitte-t-il?
   Vers qui se rend-il?
2. Qu'est-ce que le rêve fait croire à la poétesse?
3. Précisez le sens des vers 7 et 8.
4. Que demande-t-elle au doux sommeil et à la nuit?

Écriture

1. Quelle tonalité ce poème emprunte-t-il?

Analyse littéraire

1. Montrez que le rêve est ici préféré à la réalité.

OH! SI J'ÉTAIS EN CE BEAU SEIN RAVIE... (P. 93)
(*Sonnets*, 13)

Compréhension

1. Quel mot répété à quatre reprises dans le poème permet de
   comprendre qu'il s'agit ici de l'expression d'un désir et non
   d'une exposition de la réalité?
2. Où la poétesse souhaite-t-elle être?
   Quelle sensation ressentirait-elle?
3. Expliquez le sens des vers 3 et 4.
4. Que souhaite entendre la poétesse? De la part de qui?
5. Qui viendrait au moment où l'homme aimé donnerait un baiser
   à la poétesse? Pourquoi?
6. Comment la poétesse mourrait-elle? Pourquoi?

Écriture

1. Identifiez la figure de style au vers 2.
2. Identifiez la figure de style aux vers 7 et 8.
3. Identifiez et expliquez la figure de style aux vers 9 et 10.
4. Identifiez et expliquez la figure de style du dernier vers.

Analyse littéraire
1. Démontrez la force de la passion amoureuse de la poétesse.

BAISE M'ENCOR, REBAISE-MOI ET BAISE... (P. 94)
(*Sonnets*, 18)

Compréhension
1. Quel verbe permet de comprendre qu'il s'agit ici de l'expression d'un désir et non d'une exposition de la réalité?
2. Pourquoi l'homme aimé se plaint-il? Comment la poétesse apaise-t-elle son mal?
3. Comment l'homme et la femme jouissent-ils l'un de l'autre?
4. Qu'est-ce que la double vie évoquée au vers 9?
5. Expliquez le sens du dernier tercet.

Écriture
1. Identifiez la tonalité du poème.
2. Expliquez la répétition du même verbe dans le premier vers.
3. Expliquez l'association des adjectifs au baiser de l'homme aimé aux vers 2 et 3.
4. Identifiez la figure de style au vers 4.

Analyse littéraire
1. Montrez comment l'optimisme se mêle ici aux jeux de l'amour.
2. Montrez comment se maintient de bout en bout la tonalité du poème.

PRÉDIT ME FUT QUE DEVAIT FERMEMENT... (P. 95)
(*Sonnets*, 20)

Compréhension
1. Qu'est-ce qui fut prédit à la poétesse?
2. Comment reconnut-elle celui qu'elle aime?
3. Qui prend-elle en pitié et pourquoi? Comment réagit-elle?
4. Qu'est-ce que le Ciel et les destins firent naître?
5. Qu'annonçaient les débuts compliqués de cette relation amoureuse?

Écriture

1. Identifiez la figure de style au vers 12.
2. Identifiez la figure de style au vers 13.
3. Identifiez la figure de style du dernier vers.

Analyse littéraire

1. Montrez comment le poème traverse les étapes d'une relation amoureuse.

NE REPRENEZ, DAMES, SI J'AI AIMÉ… (P. 96)
(*Sonnets*, 24)

Compréhension

1. Qu'est-ce que les dames ne doivent pas reprocher à la poétesse? Pourquoi?
2. Expliquez le sens du vers 5.
3. Expliquez le sens du vers 6.
4. Expliquez la présence d'Amour, de Vulcain et d'Adonis dans le poème.
5. Quel est le dernier souhait de la poétesse à l'endroit des dames?

Écriture

1. Identifiez la figure de style du deuxième vers.

Analyse littéraire

1. Montrez que le dernier sonnet de Louise Labé est une invitation à l'amour.

QUESTIONS SUR LES *ESSAIS*

DE MONTAIGNE

QU'EST-CE QUE L'AMITIÉ ? (P. **99**)
(« De l'amitié », I, 28)

Compréhension
1. Quelle distinction Montaigne établit-il à propos de l'amitié dans le premier paragraphe de l'extrait ?
2. Comment La Boétie et Montaigne s'étaient-ils « préparés » à leur amitié avant de se rencontrer ?
3. Quelles amitiés poussent Montaigne à reprendre le mot d'Aristote cité à la ligne 44 ?
4. Quelle est la qualité fondamentale d'une véritable amitié ?
5. Que permet d'illustrer l'anecdote d'Eudamidas Corinthien ?
6. Que permet d'illustrer l'anecdote de Cyrus et du jeune soldat ?
7. De La Boétie ou de Montaigne, qui était le plus parfait ami ?

Écriture
1. Identifiez et expliquez la figure de style présente entre les lignes 132 et 135.

Analyse littéraire
1. Démontrez ce qu'est l'amitié selon Montaigne.

LES CANNIBALES SONT-ILS DES BARBARES ? (P. **105**)
(« Des cannibales », I, 31)

Compréhension
1. Que font les cannibales à leurs ennemis capturés ? Pourquoi ?
2. Que font les Portugais à leurs prisonniers de guerre ? Pourquoi ?
3. Dans l'acte horrible de tuer un homme, qu'est-ce qui est le plus barbare ?
4. Que révèle l'anecdote du siège d'Alésia ?

5. De quelle maladie humaine parle Montaigne aux lignes 55 et 56?

6. Qu'est-ce qui dicte la nécessité de la guerre chez les cannibales?

7. Quelle attitude affichent les prisonniers devant leurs bourreaux? Quelle est l'attitude de ces derniers?

Écriture

1. Que cache l'euphémisme « d'autres personnes inutiles au combat » de la ligne 46?

Analyse littéraire

1. Montrez que, dans l'esprit de Montaigne, les cannibales ne sont pas plus barbares que les Européens.

COMMENT APPRÉHENDER LA MORT ET LA SOUFFRANCE ? (P. 108)
(« De l'exercice », II, 6)

Compréhension

1. Résumez l'incident qui vient près de coûter la vie à Montaigne.

2. Que conteste l'auteur sur l'attitude observée à l'égard des agonisants?

3. Que note Montaigne sur la douleur?

4. Sur quelle observation se termine cet essai?

Écriture

1. Identifiez la figure de style des lignes 90 et 91.

Analyse littéraire

1. Analysez la conception que se fait Montaigne de la mort et de la souffrance.

QU'EST-CE QUE LA BEAUTÉ CHEZ L'HOMME ? (P. 113)
(« De la présomption », II, 17)

Compréhension

1. Quelle importance la beauté occupe-t-elle dans les relations humaines?

2. Quels liens le corps et l'âme entretiennent-ils?
3. Quelles observations Montaigne note-t-il sur son apparence physique?
4. Quel est le premier canon de la beauté chez l'homme?
5. À qui Montaigne attribue-t-il les autres beautés?
6. Quelles qualités et faiblesses Montaigne relève-t-il sur sa propre personne? Que conclut-il à propos de ses conditions corporelles?

Écriture

1. Identifiez et expliquez la figure de style aux lignes 3 et 4.
2. Identifiez la figure de style aux lignes 34 et 35.
3. Identifiez la figure de style qui couvre les lignes 62 à 69.

Analyse littéraire

1. Analysez l'objectivité de Montaigne dans cet essai.
2. Démontrez l'importance relative pour Montaigne de la beauté chez l'homme.

COMMENT BIEN VOYAGER ? (P. 117)
(« De la vanité », III, 9)

Compréhension

1. Qu'est-ce que Montaigne apprécie dans le voyage?
2. De qui l'écrivain français a-t-il honte?
3. Quelle compagnie Montaigne recherche-t-il en voyage?
4. Quels dangers et quels bonheurs les rencontres fortuites peuvent-elles procurer?
5. Que ferait Montaigne s'il était libre de conduire sa vie?

Écriture

1. Identifiez la figure de style des lignes 39 et 40.

Analyse littéraire

1. Démontrez la valeur et l'intérêt qu'accorde Montaigne au voyage.
2. Montrez ce qui permet de bien ou de mal voyager.

LA SIBYLLE DE TIBUR.

TABLEAU D'ANTOINE CARON (V. 1550).

ANNEXES

DEBAT DE FOLIE
ET D'AMOVR,
PAR
LOVÏZE LABE'
LIONNOIZE.

ARGVMENT.

IVPITER *faiſoit vn grand feſtin, ou eſtoit comandé à tous les Dieus ſe trouuer. Amour & Folie arriuent en meſme inſtant ſur la porte du Palais : laquelle eſtant ià fermee, & n'ayant que le guichet ouuert, Folie voyant Amour ià preſt à mettre vn pied dedens, s'auance & paſſe la premiere. Amour ſe voyant pouſſé, entre en colere : Folie ſoutient lui apartenir de paſſer deuant. ils entrent en diſpute ſur leurs puiſſances, dinitez & préſeances. Amour ne la pouuant veincre de paroles, met la main à ſon arc, & lui laſche vne fleſche, mais en vain: pource que Folie ſoudein ſe rend inuiſible: & ſe voulant venger, ôte les yeus à Amour. Et pour couurir le lieu ou ils eſtoient, lui mit vn bandeau, fait de tel artifice, qu'impoſſible eſt lui ôter. Venus ſe pleint de Folie, Iupiter veut entendre leur diferent. Apolon & Mercure debatet le droit de l'une & l'autre partie. Iupiter les ayant longuement ouiz, en demande l'opinion aus Dieus : puis prononce ſa ſentence.*

UNE PAGE DU *DÉBAT DE FOLIE ET D'AMOUR* DE
LOUISE LABÉ.

REMARQUES SUR LA TRADUCTION

La présente anthologie, destinée au collégial, propose des modifications aux textes originaux du xvı^e siècle. Dans les poèmes, le travail d'adaptation se borne à une modernisation de l'orthographe. Cet usage courant vise essentiellement à faciliter la lecture des œuvres. Ainsi lira-t-on « celui-là » au lieu de « cestui-là » et « savoir » au lieu de « sçavoir ». L'orthographe de l'époque se maintient toutefois quand l'exigent les lois de la versification (préservation de la rime ou de l'étendue du vers) et quand le mot n'existe plus dans notre vocabulaire contemporain. Une note vient alors renseigner le lecteur. À proprement parler, les poèmes ne sont donc pas traduits.

Il en va autrement pour les textes en prose. Pour permettre l'accès à ces joyaux de l'humanisme, nous avons traduit quatre nouvelles de l'*Heptaméron* de Marguerite de Navarre ainsi que des extraits du *Gargantua* de Rabelais et des *Essais* de Montaigne. Par leur entremise, nous tentons d'offrir une lecture fluide et agréable au lecteur. Celui-ci, une fois sa curiosité piquée, aura tout le loisir d'approcher les œuvres intégrales dans le texte original. En règle générale, la traduction de la prose refuse systématiquement le recours aux notes en bas de page : les mots, les expressions, les constructions syntaxiques trouvent des équivalents modernes comme s'il s'agissait de faire passer ces textes d'une langue à une autre. Qu'il soit néanmoins permis d'assurer le lecteur qu'il trouvera ici des traductions respectant l'esprit des œuvres.

	ÉVÉNEMENTS HISTORIQUES EN FRANCE	VIE ET ŒUVRE DES GRANDS AUTEURS DE LA RENAISSANCE
1440		
1453		
1470		
1492	Traité d'Étaples : la France et l'Angleterre signent une paix perpétuelle.	Naissance de Marguerite d'Angoulême, future Marguerite de Navarre.
1494	Début des guerres d'Italie. Naissance de François Ier.	Naissance de François Rabelais (la date de 1483 est aussi avancée).
1496		Naissance de Clément Marot.
1510		Rabelais entre en religion.
1513		
1515	Mort de Louis XII. Son cousin, François Ier devient roi de France. Victoire décisive de Marignan.	Marot, *Temple de Cupido*.
1516		
1519		Marot est secrétaire particulier de Marguerite de Navarre.
1520	Rencontre du Camp du Drap d'or entre François Ier et Henri VIII.	
1522		Naissance de Joachim du Bellay.
1524		Naissance de Pierre de Ronsard. Naissance de Louise Labé.

TABLEAU CHRONOLOGIQUE

TABLEAU CHRONOLOGIQUE		
ÉVÉNEMENTS LITTÉRAIRES ET CULTURELS EN FRANCE	**ÉVÉNEMENTS HISTORIQUES ET CULTURELS HORS DE FRANCE**	
	Allemagne : invention de l'imprimerie par l'Allemand Gutenberg.	1440
	Empire romain d'Orient : chute de Constantinople.	1453
Installation de la première presse à la Sorbonne.		1470
	Espagne : prise de Grenade par les chrétiens. Expulsion des juifs d'Espagne. Découverte de l'Amérique par Christophe Colomb.	1492
	Espagne et Portugal : partage du Nouveau Monde par le traité de Tordesillas.	1494
		1496
	Pays-Bas : Érasme, *Éloge de la folie*.	1510
Début de la construction du château de Chenonceaux.	Italie : Machiavel, *Le Prince*.	1513
		1515
À l'invitation de François Ier, Léonard de Vinci vient résider en France.	Italie : l'Arioste, *Roland furieux*. Angleterre : Thomas More, *Utopie*.	1516
Mort de Léonard de Vinci, près d'Amboise. Début de la construction du château de Chambord.	Allemagne et Espagne : Charles Quint devient empereur. Portugal : Magellan entreprend le premier tour du monde.	1519
Naissance du compositeur Claude Goudimel.	Italie : mort du peintre Raphaël.	1520
	Allemagne : Luther traduit le Nouveau Testament.	1522
		1524

	ÉVÉNEMENTS HISTORIQUES EN FRANCE	VIE ET ŒUVRE DES GRANDS AUTEURS DE LA RENAISSANCE
1525	Défaite de Pavie. François Ier, prisonnier de Charles Quint.	Marguerite d'Angoulême devient veuve de Charles IV, duc d'Alençon.
1526	Libération de François Ier : ses fils en caution.	Emprisonnement de Marot au Châtelet.
1527		Marguerite d'Alençon épouse Henri d'Albret, roi de Navarre. Emprisonnement de Marot à la Conciergerie.
1528		Marguerite de Navarre donne naissance à Jeanne d'Albret, mère du futur Henri IV.
1531	Mort de Louise de Savoie, mère de François Ier.	Marguerite de Navarre, *Le Miroir de l'âme pécheresse*.
1532	Traités d'alliance entre François Ier et Henri VIII.	Marot, *L'Adolescence clémentine*. Rabelais, *Pantagruel*.
1533	Mariage du futur Henri II avec Catherine de Médicis.	Naissance de Michel Eyquem de Montaigne.
1534	L'affaire des Placards.	Rabelais, *Gargantua*.
1536		Marot compose *Le Beau Tétin*.
1537		Rabelais obtient un doctorat en médecine.
1541		*Trente Psaumes* traduits par Marot.
1543		Marot, édition complète des *Blasons anatomiques du corps féminin*.

TABLEAU CHRONOLOGIQUE

ÉVÉNEMENTS LITTÉRAIRES ET CULTURELS EN FRANCE	ÉVÉNEMENTS HISTORIQUES ET CULTURELS HORS DE FRANCE	
		1525
Ignace de Loyola, *Exercices spirituels*.	Allemagne : Dürer, *Les Quatre Apôtres*, peinture.	1526
		1527
Début de la construction du château de Fontainebleau. Clément Janequin compose *Le Chant des oiseaux*. Claudin de Sermisy met en musique les chansons de Marot avant la publication des textes en volume.	Italie : Castiglione, *Le Livre du courtisan*.	1528
		1531
Naissance du compositeur Roland de Lassus.		1532
	Russie : début du règne d'Ivan IV le Terrible. Angleterre : Henri VIII épouse Anne Boleyn.	1533
Ignace de Loyola fonde les Jésuites.	Allemagne : Luther publie sa traduction complète de la Bible. Canada : premier voyage de Jacques Cartier.	1534
		1536
		1537
Construction d'une nouvelle partie du Louvre par Lescot. François Clouet devient le peintre officiel de François Ier.	Suisse : Calvin s'installe à Genève. Italie : Michel-Ange, fresque du *Jugement dernier*.	1541
	Pologne : Copernic, *Livre des révolutions des orbes célestes*.	1543

TABLEAU CHRONOLOGIQUE		
	ÉVÉNEMENTS HISTORIQUES EN FRANCE	**VIE ET ŒUVRE DES GRANDS AUTEURS DE LA RENAISSANCE**
1544		Mort de Clément Marot. Publication de ses *Poésies*.
1545		
1546	Exécution de l'éditeur Étienne Dolet.	Rabelais, *Tiers Livre*. Fondation du cercle de la Brigade qui deviendra la Pléiade.
1547	Mort de François Iᵉʳ. Henri II devient roi de France.	Marguerite de Navarre, *Les Marguerites de la Marguerite des princesses*.
1549	Couronnement de Catherine de Médicis.	Mort de Marguerite de Navarre et publication de ses *Chansons spirituelles*. Du Bellay, *Deffence et illustration de la langue françoise*.
1550		Du Bellay, *L'Olive*. Ronsard, *Odes*.
1552		Rabelais, *Quart Livre*. Ronsard, premier *livre des Amours*.
1553	Conquête de la Corse. Charles Quint envahit la Picardie.	Mort de François Rabelais.
1555		Louise Labé, *Œuvres*. Ronsard, *Hymnes et Continuation des Amours*.
1556	Envoi de troupes françaises pour secourir le pape.	Première mention de la Pléiade dans les écrits de Ronsard. Ronsard, *Nouvelle Continuation des Amours*.
1558	Guerre contre l'Angleterre et l'Espagne. Reprise de Calais aux Anglais. Mariage de Marie Stuart et du dauphin François II.	Du Bellay, Les Regrets ; *Les Antiquités de Rome* ; *Divers jeux rustiques*. Début de l'amitié entre Montaigne et La Boétie.
1559	Mort d'Henri II. François II devient roi de France.	Publication posthume de *L'Heptaméron* de Marguerite de Navarre.

TABLEAU CHRONOLOGIQUE

ÉVÉNEMENTS LITTÉRAIRES ET CULTURELS EN FRANCE	ÉVÉNEMENTS HISTORIQUES ET CULTURELS HORS DE FRANCE	
Maurice Scève, *Délie, objet de la plus haute vertu.*	Italie : naissance du Tasse.	1544
Pernette du Guillet, *Rymes.*	Italie : début du concile de Trente.	1545
	Allemagne : mort de Luther.	1546
Début de la construction du château d'Anet.	Angleterre : mort d'Henri VIII. Espagne : naissance de Cervantès.	1547
	Italie : mort du pape Paul III.	1549
	Italie : élection du pape Jules III.	1550
Goudimel met en musique les *Amours* de Ronsard. Baïf, *Le Ravissement d'Europe.* Mort du compositeur Claudin de Sermisy.	Italie : soulèvement de Sienne contre l'occupation espagnole.	1552
Jodelle, *Cléopâtre captive*, tragédie.		1553
Nostradamus, *Prophéties.* Peletier du Mans, *L'art poétique français.* Pontus de Tyard, *Livre des vers lyriques.* Façade sur la cour Carrée du Louvre par Lescot.	Italie : capitulation de Sienne devant les Impériaux.	1555
Rémi Belleau, *Odes d'Anacréon.* Mort du compositeur Nicolas Gombert.	Europe : fin du règne de Charles Quint. Espagne : Philippe II devient roi.	1556
Mort du compositeur Clément Janequin.	Allemagne : mort de Charles Quint. Angleterre : Élisabeth Iʳᵉ devient reine.	1558
Traduction par Amyot de *Daphnis et Chloé* de Longus.		1559

TABLEAU CHRONOLOGIQUE	
ÉVÉNEMENTS HISTORIQUES EN FRANCE	**VIE ET ŒUVRE DES GRANDS AUTEURS DE LA RENAISSANCE**
1560 Mort de François II. Charles IX a 10 ans : régence de Catherine de Médicis. Échec de la conjuration d'Amboise.	Mort de Joachim du Bellay.
1562 Première guerre de Religion.	Ronsard, *Discours des misères de ce temps*.
1563	
1564	Rabelais, *Cinquième Livre* (authenticité douteuse).
1566	Mort de Louise Labé.
1567 Deuxième guerre de Religion.	
1569 Troisième guerre de Religion.	
1570	Montaigne vend sa charge de conseiller au parlement de Bordeaux.
1571	
1572 Mariage d'Henri de Navarre (futur Henri IV) et de Marguerite de Valois, dite la reine Margot. Quatrième guerre de Religion. Massacre de la Saint-Barthélemy (24 août).	Ronsard, *La Franciade*. Montaigne amorce l'écriture des *Essais*.
1574 Mort de Charles IX. Henri III devient roi de France. Cinquième guerre de Religion.	
1576 Sixième guerre de Religion.	

TABLEAU CHRONOLOGIQUE

ÉVÉNEMENTS LITTÉRAIRES ET CULTURELS EN FRANCE	ÉVÉNEMENTS HISTORIQUES ET CULTURELS HORS DE FRANCE	
Dernière édition de *L'Institution de la religion chrétienne* de Calvin.		1560
Maurice Scève, *Microcosme*.	Espagne : naissance de Lope de Vega.	1562
Mort de La Boétie, ami de Montaigne.		1563
Édit de Paris : l'année débute désormais au 1er janvier et non plus à Pâques.	Angleterre : naissance de Shakespeare. Italie : naissance de Galilée. Suisse : mort de Calvin. Italie : mort de Michel-Ange.	1564
	Italie : élection du pape Pie V.	1566
	Italie : naissance du compositeur Claudio Monteverdi.	1567
		1569
Fondation de l'Académie de poésie et de musique. Mort du Primatice, architecte de Fontainebleau.		1570
Rencontre entre Claude Le Jeune et Roland de Lassus.		1571
Mort du peintre François Clouet. Mort du compositeur Claude Goudimel.		1572
La Boétie, *Discours de la servitude volontaire*.		1574
Agrippa d'Aubigné commence *Les Tragiques*. Anthoine de Bertrand met en musique les *Amours* de Ronsard.	Italie : mort du peintre Le Titien.	1576

	ÉVÉNEMENTS HISTORIQUES EN FRANCE	VIE ET ŒUVRE DES GRANDS AUTEURS DE LA RENAISSANCE
	TABLEAU CHRONOLOGIQUE	
1578		Ronsard, *Sonnets pour Hélène*.
1579	Septième guerre civile et religieuse.	
1580	Prise de Cahors par Henri de Navarre.	Première édition des *Essais* de Montaigne.
1581		Montaigne nommé maire de Bordeaux.
1583		Montaigne est réélu maire de Bordeaux.
1584	Mort de François d'Anjou, dernier fils d'Henri II et de Catherine de Médicis.	Édition ultime des *Œuvres* de Ronsard.
1585	Début de la huitième guerre civile et religieuse. Peste à Bordeaux.	Mort de Pierre de Ronsard.
1588	Assassinat du duc de Guise à Blois.	Publication des *Essais* de Montaigne, augmentés d'un 3e livre.
1589	Mort de Catherine de Médicis. Assassinat d'Henri III. Henri IV devient roi de France.	
1590	Henri IV assiège Paris.	
1592	Famine à Paris. La Ligue met en échec Henri IV devant Paris et Rouen.	Mort de Michel Eyquem de Montaigne.
1593	Henri IV abjure le protestantisme à Saint-Denis.	
1594	Sacre d'Henri IV à Chartres.	
1595	Expulsion des Jésuites. Déclaration de guerre à l'Espagne.	Marie de Gournay fait publier la dernière édition des *Essais* de Montaigne.

TABLE CHRONOLOGIQUE		
ÉVÉNEMENTS LITTÉRAIRES ET CULTURELS EN FRANCE	**ÉVÉNEMENTS HISTORIQUES ET CULTURELS HORS DE FRANCE**	
De Léry, *Histoire d'un voyage fait en la terre du Brésil*.		1578
		1579
Fin des travaux au château de Chenonceaux.	Espagne : annexion du Portugal.	1580
Mort du compositeur Anthoine de Bertrand.	Hollande : proclamation d'indépendance à l'égard de l'Espagne.	1581
Garnier, *Les Juives*, tragédie.		1583
	Hollande : assassinat de Guillaume d'Orange-Nassau.	1584
	Allemagne : naissance du compositeur Heinrich Schütz.	1585
	Angleterre : Marlowe, *La tragique histoire du docteur Faust*. Espagne : échec de l'Invincible Armada contre l'Angleterre.	1588
		1589
Mort du chirurgien Ambroise Paré.		1590
	Angleterre : Marlowe, *Édouard II*.	1592
Naissance du peintre Georges de La Tour.		1593
Mort du compositeur Roland de Lassus.	Angleterre : Shakespeare, *Roméo et Juliette*.	1594
	Italie : mort du Tasse.	1595

TABLE AU CHRONOLOGIQUE	
ÉVÉNEMENTS HISTORIQUES EN FRANCE	**VIE ET ŒUVRE DES GRANDS AUTEURS DE LA RENAISSANCE**
1598 L'édit de Nantes impose la liberté du culte en France. Fin des guerres civiles et religieuses.	
1600 Mariage d'Henri IV et de Marie de Médicis.	
1603	
1608	
1610 Assassinat d'Henri IV. Régence de Marie de Médicis.	
1853	Première édition conforme aux manuscrits de *L'Heptaméron*.
1896	Découverte et publication des *Dernières poésies de Marguerite de Navarre* par Abel Lefranc.

ÉVÉNEMENTS LITTÉRAIRES ET CULTURELS EN FRANCE	ÉVÉNEMENTS HISTORIQUES ET CULTURELS HORS DE FRANCE	
	Espagne : mort de Philippe II.	1598
	Espagne : naissance du dramaturge Calderón de la Barca.	1600
Le Jeune, *Le Printemps*, édition posthume de chansons sur des poèmes de Baïf.		1603
	Canada : fondation de Québec.	1608
Honoré d'Urfé, *L'Astrée* (2e partie).	Angleterre : Ben Jonson, *L'Alchimiste*.	1610
		1853
		1896

TABLEAU CHRONOLOGIQUE

GLOSSAIRE DE L'ŒUVRE

ami : soupirant, amant.

amie : femme désirée, amante.

Amour : le dieu Amour, représenté dans la mythologie comme un jeune enfant ailé.

angevin : d'Anjou (adjectif).

Apollon : dieu du soleil, de la beauté, de la santé, de la sagesse, des arts, de la musique et de la poésie.

brodequins : souliers très souples, en cuir fin, qui s'apparentent à des chaussettes.

courir en poste : se déplacer, se dépêcher vers sa destination. À la Renaissance, la poste est un relais placé à un point d'un parcours, qui permet de se reposer et de changer les chevaux avant de poursuivre le voyage.

courroucé : en colère, fâché.

courtisans : hommes de cour. Ils cherchent par la flatterie à soutirer des faveurs aux puissants.

cuider : vouloir.

déclose : ouverte.

donques : donc.

encor : encore. Licence orthographique autorisée en poésie.

feu saint Antoine : autre nom de l'érysipèle, maladie contagieuse de la peau due à une infection causant des plaques rouges et tuméfiées très douloureuses.

gibecière : sac de chasse contenant le gibier, mais aussi bourse portée à la ceinture.

jà : déjà.

John Duns Scot : célèbre théologien médiéval (1270-1308), il enseigna à Paris la supériorité de la foi sur la raison. Sa dialectique, aussi subtile que creuse, en fit le maître à penser des scolastiques. Rabelais le considère comme l'ennemi de la pensée ouverte et pragmatique si chère aux humanistes.

las ! : hélas !

lors : quand.

m'Amour : mon amour.

ores : maintenant.

par quoi : pour cette raison, pour cela.

quérir : chercher, demander.

requérir : rechercher, exiger.

saint Antoine : selon la légende, ce saint se fit moine très jeune, vendant tous ses biens et allant vivre dans le désert d'Égypte. Là, à plusieurs reprises, le démon le tenta sans succès par l'esprit de fornication.

Scythes : peuple du pays du nord de la mer Noire, aujourd'hui l'Ukraine. Les Scythes étaient réputés pour leur sauvagerie et leur cruauté.

serviteur ou servant : soupirant, amoureux, dans le vocabulaire de l'amour courtois.

tant que : aussi.

Vénus : déesse mythologique de l'amour.

BIBLIOGRAPHIE

Les œuvres complètes des écrivains de la Renaissance de cette anthologie peuvent se lire dans :

DU BELLAY, Joachim. *Œuvres poétiques*, Paris, Champion, 2003.

LABÉ, Louise. *Œuvres poétiques*, Paris, Flammarion, coll. « GF. » n° 1210, 2004. (Édition revue et corrigée).

MARGUERITE D'ANGOULÊME, REINE DE NAVARRE. *Œuvres complètes*, vol. I à IX, Paris, Champion, 2001-2007.

MAROT, Clément. *Œuvres complètes*, Paris, Garnier, 1938.

MONTAIGNE, Michel Eyquem de. *Œuvres complètes*, Paris, Gallimard, coll. « Bibliothèque de la Pléiade », n° 14, 1963. (Texte en moyen français.)

Les Essais, édition d'André Lanly, Paris, Gallimard, coll. « Quatro », 2009. (Traduction moderne.)

RABELAIS, François. *Œuvres complètes*, édition de Guy Demerson, Paris, Seuil, 1996.

(Traduction moderne avec texte original en regard. Réédition dans la collection de poche « Points ».)

RONSARD, Pierre de. *Œuvres complètes*, Paris, Gallimard, coll. « Bibliothèque de la Pléiade », n°s 45 et 46, 1993.

Sur la littérature, les mœurs et l'histoire de la Renaissance

BELLENGER, Yvonne. *La Pléiade*, Paris, P.U.F., coll. « Que sais-je ? », n° 1745, 1978.

BOURCIEZ, Édouard E.J. *Les Mœurs polies et la littérature de cour sous Henri III*, Genève, Stalkine, 1967.

GONTHIER, Claude. « Cosmogonie et musique mesurée » dans *Le Journal de musique ancienne du Québec*, vol. 6, n° 3, mars 1985.

JOUANNA, Arlette, et autres. *La France de la Renaissance*, Paris, Robert Laffont, coll. « Bouquins », 2001.

JOUANNA, Arlette, et autres. *Histoire et dictionnaire des guerres de religion*, Paris, Robert Laffont, coll. « Bouquins », 1998.

RIGOLOT, François. *Poésie et Renaissance*, Seuil, coll. « Points », n° 486, 2002.

TALLON, Alain, *L'Europe de la Renaissance*, Paris, P.U.F., coll. « Que sais-je ? » n° 3767, 2006.

Sur Joachim du Bellay

BOYER, Frédéric. *Joachim du Bellay*, Paris, Seghers, coll. « Écrivains d'hier et d'aujourd'hui », 1978.

GRAY, Floyd. *La Poétique de Du Bellay*, Paris, Nizet, 2009.

LAJARTE, Philippe de. *Joachim du Bellay*, Caen, Presses universitaires de Caen, 1998.

Sur Louise Labé

BERRIOT, Karine. *Louise Labé : la belle rebelle et le François nouveau*, Paris, Seuil, 1985.

BOURGEOIS, Louis. *Louise Labé (1523 ?-1566) et les poètes lyonnais de son temps*, Lyon, Éditions lyonnaises d'art et d'histoire, 1994.

GUILLOT, Gérard. *Louise Labé*, Paris, Seghers, coll. « Écrivains d'hier et d'aujourd'hui », 1962.

LAZARD, Madeleine. *Louise Labé*, Paris, Fayard, 2004.

Sur Marguerite de Navarre

COTTRELL, Robert D. *La Grammaire du silence*, Paris, Champion, 1995.

DÉJEAN, Jean-Luc. *Marguerite de Navarre*, Paris, Fayard, 1987.

JOURDA, Pierre, *Une princesse de la Renaissance : Marguerite d'Angoulême, reine de Navarre*, 1492-1549, Genève, Slatkine Reprints, 2011.

Sur Clément Marot

DÉJEAN, Jean-Luc. *Clément Marot*, Paris, Fayard, 1990.

MAYER, Claude-Albert. *Clément Marot*, Paris, Seghers, coll. « Écrivains d'hier et d'aujourd'hui », 1964.

PREISIG, Florian. *Clément Marot et les métamorphoses de l'auteur à l'aube de la Renaissance*, Genève, Droz, 2004.

Sur Michel Eyquem de Montaigne

AULOTTE, Robert. *Montaigne : Essais*, Paris, P.U.F., 1994.

BRAHAMI, Frédéric. *Le Scepticisme de Montaigne*, Paris, P.U.F., 1997.

CONCHE, Marcel. *Montaigne ou la conscience heureuse*, Paris, P.U.F., 2002.

DEMONET, Marie-Luce. *Montaigne et la question de l'homme*, Paris, P.U.F., 1999.

LACOUTURE, Jean. *Montaigne à cheval*, Paris, Seuil, coll. « Points », n° 500, 1998.

MÉRAL, Martine. *L'Obèle* (roman sur Marie de Gournay), Paris, Flammarion, 2003.

POUILLOUX, Jean-Yves. *Montaigne, une vérité singulière*, Paris, Gallimard, coll. « L'Infini », 2012.

STAROBINSKI, Jean. *Montaigne en mouvement*, Paris, Gallimard, coll. « Folio/Essais », n° 217, 1993.

ZWEIG, Stefan. *Montaigne*, Paris, P.U.F., coll. « Quadrige », 1992.

Sur François Rabelais

BAKHTINE, Mikhail. *L'œuvre de François Rabelais et la culture populaire au Moyen Âge et sous la Renaissance*, Paris, Gallimard, coll. « Bibliothèque des idées », 1970.

BELLEAU, André. *Notre Rabelais*, Montréal, Boréal express, coll. « Papiers collés », 1990.

DEMERSON, Guy. *François Rabelais,* Paris, Fayard, 1991.

DESROSIER-BONIN, Diane. *Rabelais et l'humanisme civil*, Genève, Droz, 1992.

GAUVIN, Lise. *La Fabrique de la langue : De François Rabelais à Réjean Ducharme*, Paris, Seuil, coll. « Points/Essais », 2004.

LAZARD, Madeleine. *Rabelais et la Renaissance*, Paris, P.U.F., coll. « Que sais-je ? », n° 1767, 1979.

NAYA, Emmanuel. *Rabelais : une anthropologie humaniste des passions*, Paris, P.U.F., 1998.

RIGOLOT, François. *Les Langages de Rabelais*, Genève, Droz, 1996.

Sur Pierre de Ronsard

BICHARD-THOMINE, Marie-Claire. *Pierre de Ronsard, Les Amours*, Paris, P.U.F., 2001.

GADOFFRE, Gilbert. *Ronsard*, Paris, Seuil, coll. « Écrivains de toujours », 1994.

PIGNÉ, Christine. *De la fantaisie chez Ronsard*, Genève, Droz, 2009.

SIMONIN, Pierre. *Pierre de Ronsard*, Paris, Fayard, 1990.

TERREAUX, Louis. *Ronsard, correcteur de ses œuvres*, Genève, Droz, 1968.

TABLE ALPHABÉTIQUE DES POÈMES

SOURCES ICONOGRAPHIQUES

Couverture : Enluminure française, v. 1550.-"Le mois d'Août".-(La moisson). Sur parchemin. Du livre d'Heures de Claude Gouffier. Musée national de la Renaissance. AKG Images. ; *Dame au bain* de François/Wikipedia Commons, p. 5 ; Amerigo Vespucci, *Navigating by the Stars*, French School/Private Collection/Archives Charmet/The Bridgeman Art Library, p. 6 ; Armand Colin, p. 8 ; *Portrait of Elsbeth Tucher, 1499*, Dürer, Albrecht/Gamaeldegalerie Alte Meister, Kassel, Allemagne/© Museumslandschaft Hessen Kassel/Ute Brunzel/The Bridgeman Art Library, p. 35 ; *A Family of Giants*, illustration tirée de « Gargantua » de Francois Rabelais. French School, (16th century)/Private Collection/The Bridgeman Art Library, p. 36 ; AKG-images, p. 39 ; Fine Arts Museums of San Francisco. Art Museum Image Gallery/Wikipedia Commons, p. 50 ; BNF, p. 52 ; Accrochoc/Wikipedia Commons, p. 54 ; Giorgione, (Giorgio da Castelfranco), *Warrior with Groom*/Galleria degli Uffizi, Florence, Italy/The Bridgeman Art Library, p. 63 ; BNF, p. 64 ; BNF, p. 70 BNF, p. 74 ; AKG-images, p. 79 ; BNF, p. 88 ; Portrait of a Lady form the Court of Milan, Vinci, Leonardo da/Louvre, Paris, France/Giraudon/The Bridgeman Art Library, p. 97 ; Chenelière Éducation, p. 98 ; Luc Viatour/www.Lucnix.be/Wikipedia Commons, p. 104 ; BNF, p. 119 ; Luc Viatour/www.Lucnix.be/Wikipedia Commons, p. 120-121 ; Jean Clouet. *François Ier, roi de France*. Musée du Louvre. Wikipedia Commons, p. 126 ; Wikipedia Commons, p. 131 ; *St. Bartholomew's Day Massacre, 24th August 1572*, Dubois, François/Musée d'Archéologie et d'Histoire, Lausanne, Suisse/Giraudon/The Bridgeman Art Library, p. 134 ; *Portrait of Henri IV King of France*, Pourbus, Frans II/Château de Versailles, France/The Bridgeman Art Library, p. 139 ; AKG-images, p. 140 ; Wikipedia Commons, p. 141 ; Patrick Giraud/Wikipedia Commons, p. 145 ; BNF, p. 151 ; François Clouet, *Marguerite d'Orléans puis d'Angoulême reine de Navarre duchesse d'Alençon et de Berry*, Chantilly, musée Condé/Wikipedia Commons, p. 152 ; *François Rabelais*, artiste inconnu. Musée national du château et des Trianons/Wikipedia Commons, p. 161 ; AKG-images, p. 169 ; Jean Cousin le Jeune : *Portrait de Joachim du Belley*/Wikipedia Commons, p. 175 ; AKG-images, p. 179 ; Pierre Woeiriot : *Louise Labé*/Wikipedia Commons, p. 185 ; AKG-images, p. 189 ; *Ball at the Court of King Henri III of France*, French School, Louvre, Paris, France/The Bridgeman Art Library, p. 196-197 ; Young Venetian Woman, Dürer, Albrecht/Kunsthistorisches Musem, Vienna, Austria/The Bridgeman Art Library, p. 198 ; *Augustus and the Tiburtine Sibyl*, Caron, Antoine (1520-99)/Louvre, Paris, France/The Bridgeman Art Library, p. 240 ; BNF, p. 242.

ŒUVRES PARUES